母亲的教育决定孩子一生

蒙 谨◎著

西苑出版社
XIYUAN PUBLISHING HOUSE
北京

图书在版编目（CIP）数据

母亲的教育决定孩子一生 / 蒙谨著. — 北京 : 西苑出版社，2013.6
ISBN 978-7-5151-0339-6

Ⅰ. ①母… Ⅱ. ①蒙… Ⅲ. ①家庭教育 Ⅳ. ①G78

中国版本图书馆 CIP 数据核字（2013）第 075500 号

母亲的教育决定孩子一生

作　　者　蒙　谨
责任编辑　张照富
出版发行　西苑出版社
通讯地址　北京市朝阳区和平街11区37号楼
邮政编码　100013
电　　话　010-88637122
传　　真　010-88637120
网　　址　www.xiyuanpublishinghouse.com
印　　刷　北京中印联印务有限公司
经　　销　全国新华书店
开　　本　710mm×1000mm　1/16
字　　数　270千字
印　　张　19.5
版　　次　2013年7月第1版
印　　次　2013年7月第1次印刷
书　　号　ISBN 978-7-5151-0339-6
定　　价　38.00元

序言

母亲的教育，决定孩子的一生

每个母亲都希望自己有一个聪明、可爱、懂事的孩子，希望孩子小时候听话、学习好，长大了成为一个受人尊敬、事业成功的人。

妈妈对孩子的爱是毋庸多言的，深藏在女性身上的母性天生使然，没有什么比孩子的健康、快乐与成功更能让母亲高兴的，这种高兴是发自内心深处的感动和自豪。

怎样培养出一个能让母亲感动和自豪的孩子，是家庭教育的根本点。能让母亲感动，是因为孩子的纯真、善良、友爱、感恩、孝顺等，能做出很多让大人为之动容的事情；能让母亲感到自豪，是看到孩子有正直的人品，认真做事，努力追求，勇敢坚强，不屈不挠等等，在做事上认真的态度，高贵的品质。

母亲的个性千差万别，孩子也个性万千。妈妈在陪孩子成长的过程中，自己也在不断长大。

在和孩子一起的岁月里，不仅是妈妈教育孩子逐渐成长，从另一个角度说，孩子也在促使妈妈更加成熟、完善；妈妈给予了孩子无限关爱，同样，孩子也给了妈妈无穷快乐。

经常听到很多妈妈在感叹，在抱怨孩子不争气，不听话，惹人生气。“天下没有教不好的孩子，只有不会教的父母。”天下也没有不想让妈妈开心的孩子，只有不会理解和引导的妈妈。

孩子来到这个世界，就像天使降落人间，是上天赐给母亲最好的礼物。孩子就如同一块璞玉，母亲则是一位琢玉匠，怎样把手中的璞玉变成稀世珍宝，主要看母亲头脑中琢玉的思想和手中的功夫。

我国古代就有“孟母三迁”、“岳母刺字”、“陶母戒子”等故事流传，赞扬孟母、岳母、陶母这些琢玉高手的琢磨，让孩子从顽皮小子，变为一块稀世珍宝。

孩子的出生，给家庭带来很多快乐，同时也给父母带来很多麻烦。在女主内男主外的家庭模式中，母亲无疑会担负更多对孩子的责任。

这样，母亲既要负责家庭事务、孩子的养育，又要参加社会工作，有很大压力。一个懂事的孩子，会让母亲减少压力，不但不会给母亲惹麻烦，还会带来许多快乐，让母亲感到骄傲和自豪。

一个优秀的母亲，首先要具备正确的教子理念，这就好比是琢玉前的设计图；母亲还要具有正确的教子方法，这就是母亲手里的刀工。

母亲的每一刀都要刻在点子上，不出现败笔，不然就可能毁了这块宝玉。琢玉是个精工细磨的活，教育孩子同样需要漫长的过程。

在教育孩子的问题上，会出现各种各样的情况，但是万变不离其宗。母亲只要掌握孩子生长发育、心理变化的特点，预知孩子个性行为、学习习惯上可能出现的问题，做好准备，防患于未然，就能使孩子往良性的方向上发展。

本书针对孩子教育上可能出现的问题，结合母亲教育的特征特点，总结出一些有效的教育方法。这些教育方法是多年幼儿教育经验所得，有分析有案例，让妈妈从中受到启发，找到恰当的教育孩子的方法，在培养出一个优秀的孩子的同时，也锻造出一个杰出的妈妈。

本书从最先进的教子理念入手，帮助妈妈培养孩子的一些品行和习惯等，并指出孩子普遍存在的问题，告诉妈妈培养孩子应该注意的问题，并且结合实例，给以指导性的解决方案。

如果你的孩子还没有培养出好的品行和习惯，那么这本书可以帮到你；如果你的孩子还没出现书中指出的问题，它可以提醒你注意避免；如果你的孩子已经出现某些问题，那么让它帮你辅助解决，补牢救过，犹未为晚。

第一章 了解母亲角色，妈妈是最好的教育者

第二章 有效的教子方法，能让孩子在教育中获得更多

第五章 教孩子学做人，妈妈的榜样作用最重要

第六章 培养孩子的情商，让孩子拥有决战未来的力量

第七章 让孩子自觉主动学习，成为学习高手

第十章 孩子在青春期易出问题，妈妈要重点教育

第一章

了解母亲角色，妈妈是最好的教育者

妈妈经常反省，弥补不足，帮助孩子成长

家教现场

龙龙上初二，在别人眼里，他是个很完美的孩子：从小就懂事听话，不惹是生非，尤其是学习自觉、成绩优秀，令妈妈感到骄傲。他性格比较内向，不爱说话，从来不和同学玩，几乎没有什么朋友。

从小开始，龙龙的时间都被妈妈安排得满满的，妈妈教他认字、写字、背唐诗、算加减法等。上学后，又给他报了英语、奥数等辅导班。

在龙龙的记忆里，自己几乎没有玩乐的时候。妈妈对他唯一的要求，就是搞好学习，要走在别人前面，决不能落后于人。

可是，龙龙觉得不快乐。逐渐的，他对学习提不起兴趣，产生了严重的厌学心理，开始是隔三差五地请病假，后来干脆不去上学了。

龙龙告诉妈妈，自己除了学习什么也不会，一点特长都没有，在同学面前很没面子，而且自己不知道怎么和同学相处，觉得很孤独。

妈妈说：“学习不好的孩子才去发展什么特长和人际关系，学习好就是你的特长，其他特长等你考上大学再去发展吧！”

但龙龙拒绝去上学，妈妈非常苦恼，不知道怎么才能说服他。

教育启悟

妈妈给孩子多大舞台，孩子就能有多大成就。即使是普通的孩子，只要教育得法，也会成为不平凡的人；而聪明可爱的孩子，也可能变成凡夫俗子甚至蠢材。造成这种巨大差异的，正是妈妈自身的教育态度。

世界上最爱孩子的人无疑是妈妈，可是，这种爱如果不是在理智的规范下，就会变为温柔的陷阱。明智的妈妈，要有开阔的眼光、包容的心胸，还要有正确的教育理念、科学的教育方法，这样才能真正帮助孩子健康成长。

孩子在家庭的日常生活中，和妈妈朝夕相处，日夜为伴，尤其未成年的孩子，对妈妈的依赖性、依恋性、模仿性最强，而这时妈妈在孩子的心目中威信最高。

孩子认为，妈妈的一切言行举止都是最标准，最美好的，对妈妈的一切言行都有强烈的模仿欲望。

妈妈的走路说话、待人接物、欢乐与痛苦等，孩子都看在眼里，记在心上，努力去模仿和效法，无论好坏都兼收并蓄。这种影响是在无意识中产生的，其作用也最直接、最深刻、最持久。

妈妈的言行举止，犹如一本没有文字的教科书。因此在孩子面前，妈妈从思想品德到生活小节，都没有小事。

要教育孩子具有较高的社会公德，妈妈自己就必须成为这样的人；要求孩子积极进取、勇敢拼搏，妈妈也要率先示范。只有这样，才能对孩子产生积极、深远的影响。

所以，妈妈一定要不断提高自身素质，学习现代教育理念，注重孩子的全面发展，为孩子开辟无限成长的空间。

专家给妈妈的建议

建议一：妈妈应严于律己，以身示范

妈妈的表率作用，是孩子健康成长的第一要素。妈妈不以身作则，而一味要求孩子去做这做那，孩子是不可能做好的。

中国有句古话："染于苍则苍，染于黄则黄"。孩子小时候，缺乏辨别能力，很容易模仿妈妈。妈妈的一言一行、一颦一笑，都是孩子模仿的对象。

妈妈应该以身作则，大事小事都给孩子树立好的榜样，随时随地教给孩子做人、做事的道理，这是好妈妈的首要标准。

建议二：因材施教，制定个性化教育方案

"世界上没有两片完全相同的树叶"，更没有两个完全相同的孩子。妈妈正确的教育方法，是在对自己孩子的长期观察和深入了解的过程中，总结出独特的教育框架，根据孩子自身的具体情况，确立适合孩子特点的个性化教育方案。

强强是个活泼可爱的男孩，妈妈对他期望很高。在他上小学后，给他报了课外补习班，生怕他落在别的同学后面。

强强很不高兴，说："我每天在学校认真学习，老师讲的我都掌握了，不需要上什么补习班。我喜欢画画，您给我报个绘画班吧！"

妈妈觉得强强说得有道理，就让他退出了补习班，带他来到少儿活动中心，让他加入到绘画的行列。强强感谢妈妈的理解和支持，每个周末都过得非常快乐。

孩子做自己喜欢的事情，才有快乐、自信，并会产生成就感，而这能极大地激发孩子的创造力，释放孩子的潜能，造就孩子的阳光个性。

建议三：妈妈要有好的教育方法

没有种不好的庄稼，只有不会种庄稼的农民；没有教不好的孩子，只有不会教孩子的妈妈。很多妈妈苦恼于孩子不听话，你说东他说西，不让他做的事情他偏要做。

其实妈妈最好的教育方法，是将基本的价值观和行为方式教给孩子，用积极的鼓励、良好的家庭氛围、自身的榜样，来激发孩子的自我成长意识。

这样能使孩子具有自我学习和成长的能力、与周围的人交往沟通的能力、为他人幸福做贡献的能力等，从而培养孩子的勇气、自信、助人为乐、舍己为人等优良品质，避免自卑、愤怒、憎恨等消极认识伴随孩子。

建议四：尊重和信任，培养独立自主的孩子

妈妈要尊重孩子，信任孩子，放手让孩子自己成长。培养孩子独立自主的个性，而不是居高临下、处处管教孩子，这是一个好妈妈的重要标志。

五年级暑假，文文开始了“管家婆”的经历。妈妈每天给他 50 元钱，作为全家一天的生活费用，由文文支配。

一大早，文文就带着 50 元钱，拎着菜篮子上菜市场。慢慢地，他学会了和小贩讨价还价，知道了什么样的菜新鲜。去超市前，文文先列出购物清单，不需要的绝不买。他说：“当家方知柴米贵，钱要花在刀刃上。”

怎么换床单被褥、洗衣服、洗碗等这些生活小事，也是文文要过的一关。刚开始，文文颇有怨言，但妈妈不动声色，只对他说：“你能行。”

这样，文文越做越顺手，同时也感受到了其中的艰辛，他由衷地对妈妈说：“妈妈，这些年您辛苦了！”

很多妈妈怕孩子小，无法处理和应对一些困难和障碍，这是对孩子的不信任，也是对孩子的压制，必然引起孩子的反感、反抗。妈妈要学会欣赏孩子、接纳孩子、给予孩子充分的信任，这是教子成功的最大秘诀。

妈妈时刻影响孩子，要注意自己的一言一行

家教现场

林林是个可爱的男孩，有时跟着妈妈出来玩，邻居们看他可爱，总喜欢抱抱他、逗他玩，可是他除了妈妈和保姆外，谁都不让碰，更不会对人笑，对邻居的亲切问话也不搭理，时间久了，大家也都知趣地不理会他了。

原来，林林的爸爸常年在外出差，很少回家，家里平常只有妈妈和保姆。而妈妈每天要上班，照顾她的人主要是保姆。

妈妈在家里家外，总是抱怨丈夫不在家，对他们母子关心不够等。妈妈这种不开心，无意中影响了林林，他变得闷闷不乐，脸上失去了笑容。

教育启悟

心理学家曾做过一个著名的波波玩偶实验。参加实验的包括孩子、成人及一个叫波波的塑料充气玩偶，这种玩偶可以在被打倒之后再弹起来。

研究者让孩子们进入实验室前，先观看室内成年人攻击、殴打玩偶

的情景，然后，容许孩子们去和玩偶玩耍。这时，令人惊讶的事情发生了：孩子们都创造性地模仿成人的行为，去殴打、拍击、辱骂玩偶。

这个经典实验告诉我们：孩子确实会模仿他所看到的行为。

在一项全国范围的亲子调查中，有半数的孩子都愿意把妈妈比作“循循善诱、以理服人”的老师，这说明，妈妈在孩子心中的榜样作用是无可替代的；同时也说明，妈妈还要努力完善自己，去提升这个比例，真正成为孩子一生的标杆。

优秀的妈妈才会教育出优秀的孩子。问题孩子的背后，一定有一个问题妈妈。所有的问题，应当从妈妈这个源头找起；而妈妈身上出现的问题，也通常会在孩子身上体现出来。

在许多家庭里，妈妈陪伴孩子的时间更多，承担着主要的家庭教育责任，于是上一代人的期望，更多是通过妈妈的言传身教传达给孩子，所以，妈妈在孩子成长中扮演的角色非常重要。

在孩子心中，妈妈是一座高山，孩子在仰望中成长，也在成长中积累。孩子对妈妈的尊敬和崇拜，不会因为岁月的流逝而流失，因为他知道，妈妈是那个为自己撑起一片天空的人。

妈妈是长辈，更是老师，是孩子一生都学不完的教科书。因此，妈妈一定要注意自己的一言一行，为孩子树立人生的好榜样。

专家给妈妈的建议

建议一：妈妈要有好品质

坚强的妈妈教会孩子在困难面前不怯懦，心胸宽阔的妈妈让孩子学会展望未来，善良的妈妈让孩子懂得悲天悯人，冷静镇定的妈妈使孩子学会坚韧不拔，有修养的妈妈会铸就孩子的深厚内涵，文化高的妈妈会使孩子学会深刻思考。

妈妈尊老爱幼，孩子自然会上行下效；妈妈节俭有度，孩子自然会拒绝奢华；妈妈彬彬有礼，孩子自然会谦虚不傲。

每一个妈妈都在以自己的形象影响着孩子。拥有好品质的妈妈，才能培养出品德端正的孩子。

建议二：妈妈要有好习惯

妈妈要有良好的行为习惯、思维习惯、生活习惯、学习习惯等，这些习惯会耳濡目染地影响着孩子，使孩子在不知不觉中养成同样的好习惯，而这将使孩子受益一生。

4 岁的贝贝上幼儿园后，变得越来越懂事了。每晚睡觉前，他都细心地脱下衣服，并把衣服仔细叠好。有拉链的衣服拉上拉链，衣袖缩在里面了，就拉出来理一下，最后折叠整齐，有序地放在床边。

妈妈看着，心里暗暗高兴，觉得孩子上了幼儿园，不光学到了各种知识，还养成了良好的习惯。

一天，贝贝突然说："妈妈，你睡觉前怎么不把衣服叠好呀，随便乱丢衣服可不好。"妈妈的脸立刻红了，从此开始注意自己的言行，决心养成各种好习惯。

正衣先正冠，正人先正己。妈妈期望孩子有好习惯，首先自己要修炼品行，养成良好的习惯。好习惯的养成，需要经过不断的努力，要与自己的懒惰作斗争，才能最终成功养成。

建议三：妈妈要有好心态

孩子是一面镜子，映照着妈妈的影子。如果妈妈对待生活的态度消极抵触、不满、怨声载道，孩子就会感觉生活变成了灰色，当然内心很难快乐起来了。

妈妈对待事情的态度，会直接影响孩子对世界的认识。妈妈要做一个快乐妈妈，无论工作中还是生活里遇到困难，都要把情感发泄暂且放在一旁，相信困难是暂时的、一定可以解决的。

同时，妈妈要利用这个机会教育孩子，乐观地看待生命中的一切，成为孩子乐观自信的榜样。

孩子的身体是好是坏，全掌握在妈妈手中

家教现场

东东今年读初二。在医生和妈妈的共同引导下，从小学五年级开始，他就逐渐改掉一些用眼的坏习惯，三年来视力一直保持在100度以内，至今还不用戴近视眼镜。

东东在五年级时得了假性近视，当时眼科医生建议他不用戴眼镜，但平时要注意看书姿势，少看电视，少玩电脑，多出去活动，定期到医院检查视力。

当时，医生的这些建议，东东并没听进去，妈妈却认真记下了，回去后就不断督促东东改掉原先的一些坏习惯。

最初东东还嫌妈妈啰唆，后来随着年级升高，身边变成“小四眼”的同学越来越多，他才知道那些“麻烦的规矩”对视力是大有好处的，听医生和妈妈的没错。

教育启悟

健康的身体是孩子正常学习和活动的前提，也是妈妈首要关心的问

题。眼下，生活越来越好，孩子的衣、食、住、行在经济上都没有问题，但却出现了另外令人担忧的现象。

由于有的妈妈缺乏科学的健康知识，孩子的饮食结构、生活方式等都出现了误区，影响了孩子正常的生长发育，最明显的标志，就是“小胖墩”、“豆芽菜”、近视眼的孩子越来越多。

中国学生营养与健康促进会发布的一份报告指出，我国有1200万超重肥胖的儿童少年，全世界1.55亿超重肥胖儿童少年中，每13个里就有一个是中国儿童少年。

不健康的饮食行为是引起孩子肥胖的主要原因。不吃早餐、经常吃西式快餐、经常喝含糖饮料、身体活动减少等，是儿童发生肥胖的主要危险因素。

孩子肥胖会埋下高血压、高血脂、高血糖的隐患，而“豆芽菜”是胸廓及胸腔内的脏器如心脏、纵隔、肺脏的发育质量不好，严重的还形成缺铁性贫血、佝偻病、缺锌等病症。

虽然“豆芽菜”与“小胖墩”在形式上是两个极端，但它们产生的原因却有相同之处，即膳食结构不合理，偏食、挑食、吃零食过多，营养不全面、不平衡，缺乏锻炼等。

同时，青少年患近视的人数也在增加。每逢假期或者周末，到各大医院、眼镜店去配眼镜的孩子明显增多，医生感叹：“现在孩子开始戴眼镜的年龄越来越小，镜片越戴越厚。”

导致近视的因素有很多，但最主要的原因是用眼不当。医学专家说，长时间看近物引起眼睛睫状肌紧张，是造成近视的罪魁祸首，如孩子学习时不正确的坐姿、长时间看电视、玩电脑游戏等。

因此，预防近视的关键是及时放松眼睛，让眼睛望远。适当的户外活动，能让孩子在寻觅、追逐的过程中，调节视野，变换焦距，对恢复眼疲劳大有好处。

因此，妈妈要从小培养孩子均衡膳食、积极锻炼、劳逸结合的科学生活方式，让孩子拥有健康的体魄，为搞好学习和工作奠定基础。

专家给妈妈的建议

建议一：一定要让孩子吃好早餐

孩子正处于生长发育高峰期，“一日之餐在于晨”，一份结构合理、有营养的早餐，对孩子来说，不仅关系到生长发育，还会影响到学业发展。

科学的早餐，应包含5类食物：粮食、动物性食品、奶类、蔬菜和水果。如果只含其中的3类，营养质量为一般；只含其中1到2类的早餐，营养质量较差。

如果不吃早餐或早餐马虎，不到午饭时间，孩子就会饥肠辘辘，导致大脑兴奋性降低，反应迟钝，上课注意力不集中。

妈妈每天都早早起来，给小强做搭配合理的早餐，每天都会让孩子喝一杯牛奶。如果是吃稀饭，就配上咸蛋、酱肉或豆腐干。

吃面条，则配上荷包蛋或几块排骨，这些再加上炒或凉拌一碟青菜，配上馒头、大饼等主食，一顿经济而营养丰富的早餐就做好了。

妈妈还每天在小强书包里放上一个苹果或橙子等，让他带到学校，作为课间的加餐，以补充能量的消耗。小强在妈妈的关怀下，不仅身体强壮，学习成绩也是名列前茅。

研究表明，早餐进食量充足、营养配比合理的孩子，在运算能力、想象能力、创造能力以及身体素质等各方面的表现，都要优于早餐质量差的孩子。

妈妈要记住，早餐吃好了，不仅对孩子生长发育大有好处，而且还会使孩子精力充沛，学习效率大大提高。

建议二：培养孩子科学的饮食习惯

妈妈要注意保证孩子饮食平衡，素食和荤食相结合，纠正孩子偏食的毛病，但也不要盲目地给孩子补充营养。

如果补充不当，不但不利于孩子成长，还容易造成孩子某种营养素摄入过多，导致营养素之间的比例失调，而形成疾病。因此，妈妈要先了解孩子身体的状况，并在医生的指导下，给孩子补充营养。

峰峰从小偏食、挑食。妈妈给他吃煮鸡蛋，他不肯，嫌有腥味。海鲜、豆制品一类的东西，也都因有腥味而被峰峰排斥。

肉类食品峰峰只吃鱼香肉丝，但如果味道不好也不吃。蔬菜也很不喜欢，常常嫌味道不好不吃。

久而久之，峰峰因为营养不均衡导致身体消瘦，体弱多病，被大家戏称为“豆芽菜”。

妈妈要尽量让孩子少吃垃圾食品。西式快餐是高热量、高脂肪和低纤维素的食物，经常吃快餐会对孩子健康带来不好的影响，妈妈要帮助孩子掌握一定的度。

此外，还要杜绝孩子不良的进食习惯，如喜欢边看书边吃饭、边吃饭边看电视、听录音，有时还打电话、玩玩具等。

因为这样声、光、景、情一齐刺激大脑，会引起消化液分泌减少，消化吸收能力降低，同样造成孩子营养不良。

建议三：养成孩子良好的生活习惯

妈妈要关注孩子的卫生健康，如督促孩子勤洗澡、勤换衣，饭前、便后要洗手，指甲长了就得剪等，若有病及时陪同去医院就医，督促孩子养成良好的个人卫生习惯。

妈妈也要给孩子创造一个干净整洁的家庭环境，常开窗，透阳光，通空气。

培养孩子规律的作息习惯。让孩子按时作息，规律生活，保证充足的睡眠时间。

培养孩子良好的学习习惯。学习时避免各种干扰，注意力集中。保持正确的坐姿和书写姿势，劳逸结合，避免眼睛近视和脊柱弯曲。

建议四：让孩子坚持科学的运动习惯

在希腊体育圣地奥林匹克山上，刻着一句千古名言：“你想得到健康吗？就去跑步吧；你想得到聪明吗？就去跑步吧。”

妈妈要让孩子养成科学运动的习惯，因为适当运动既可预防近视，又可改善体型，使孩子拥有健康的体魄、充沛的精力、聪明的大脑。

进行体育锻炼要讲究科学。开始时要避免剧烈运动的项目，如长跑、踢足球、打篮球等，因为这些运动消耗能量较多，不利于孩子肌肉、骨骼的增长，也无法慢慢扩大胸廓。

应该以平衡性、敏捷性、柔软性和灵巧性的运动为主，如短跑、游戏、游泳、骑自行车、打乒乓球等，体操、网球也是很好的运动项目。

无论什么样的活动，每天都要让孩子坚持进行至少半小时。当孩子的体型、力量、速度得到改善，并随年龄增长后，就可以参加其他大运动量的运动，如打篮球、踢足球、长跑等。

妈妈是个塑造师，帮助孩子塑造出优秀品行

家教现场

克克是个16岁的男孩，妈妈是清洁工，爸爸卧病在床，不能正常地工作。因此，妈妈每天做完一份工作之后，还要再做另外一份工作，辛苦赚钱支撑这个家。

家庭很困难，妈妈把所有的希望都寄托到克克的身上，所以倾其所有满足克克的要求，让他养成了唯我独尊的毛病。

随着年龄的增长，克克进入青春期，在同学的影响下，染上了网瘾。为了上网，他每天找妈妈要钱。如果妈妈不同意他上网，或手头紧，一时不能满足他，他甚至要拿菜刀要砍爸爸妈妈。

妈妈感觉自己好像养了一只老虎，费尽心血养大了他，却控制不了他的邪恶性情，反过头来要危及父母、危及社会。妈妈伤心欲绝，后悔莫及。

教育启悟

“勿以恶小而为之，勿以善小而不为”。品德是人生的根本，如果没

有品德的沃土，孩子的人生、事业就不能生长开花，结出硕果。

孩子在妈妈眼里，是世界上最宝贵的财富，含在嘴里怕化了，捧在手里怕摔了，恨不得将世上所有好东西都奉献到孩子面前。

妈妈的良苦用心固然可嘉，但妈妈的拳拳之心，不一定能给孩子带来美好的结果，如上例中克克的妈妈，对孩子百般溺爱，却换来孩子的残忍和冷酷。这是妈妈的失败，更是教育的悲剧。

因此，妈妈一定要注重培养孩子优秀的品行，从小塑造孩子优良的品德和个性，不要没有原则、毫不选择地满足孩子的各种要求。

孩子就像一棵幼苗，这棵幼苗能否健康长大，最终成长为参天大树、国家栋梁，决定于妈妈的从小引导。小苗需要阳光、空气、水的浇灌和呵护，孩子需要美德、知识的滋养。

如果缺失对孩子美德的培养，孩子的心灵就照不进阳光，而成为一片充满私欲的冷漠、黑暗地带，会让孩子做出毁灭性的行为。妈妈一定要认识到这点，做孩子优秀品行的塑造人。

在孩子心目中，妈妈是最可亲可信的人，是他生活和感情的依赖者。作为和孩子接触时间最早、最长的关键人物，妈妈给孩子营造的“教育小环境”，决定着孩子的成长。

妈妈要随时随地、因时因事地抓住每个教育的机缘，耐心引导孩子，并根据孩子的身心特点实施教育，让孩子能够茁壮成长。

专家给妈妈的建议

建议一：培养孩子的责任心

很多妈妈要求孩子成绩好，分数高、才艺过人，却忽略了培养孩子的责任心。责任心首先是对自己负责，进而对社会负责。对自己负责，就是在老师和家长的帮助下，选择正确的生活道路，逐步树立人生理想；对社会负责，就是要使自己的思想和行为，有利于他人和社会，进而担当起中华民族复兴的历史重任。这是孩子真正长大的体现。

有责任心的孩子，会顾及他人需要，不推卸责任，所以更容易获得别人的信任、认同和支持，也更容易得到进步和成功的机会。

培养孩子的责任心要从小抓起，循序渐进。妈妈要给孩子自己成长的机会，不要事事包办代替。要让孩子了解一些妈妈的忧虑和难处，引导孩子独立思考和选择，大胆发表自己的见解，并尊重孩子的选择。

还要允许孩子犯错误，教育孩子敢于承担后果。对孩子做的事情以肯定和鼓励为主，以增强孩子的自信心，使孩子养成积极、认真的做人处世态度。

建议二：培养孩子的诚信

“人无信不立”。教育孩子诚信，妈妈首先要做到诚信。孩子的模仿能力强，很容易受到某种行为的暗示。如果妈妈言行不一，不履行承诺，孩子就会受到暗示，跟着模仿。

例如，妈妈答应孩子星期天带他到公园玩，就一定要去。如果临时有事，就一定向孩子说清楚，并另行约定时间，这样才能取信于孩子。

一天，小成全家要去朋友家做客，父母都穿戴整齐准备出发了，小成却仍然坐在书桌前看书。妈妈喊道：“小成，我们快走吧！”

小成站了起来，但很快又坐下去了，说：“今天我不能去叔叔家了。”妈妈感到很奇怪，问道：“为什么不能去？”

小成说：“我昨天答应了我的一位同学，他今天来我们家玩。”

“不是什么重要的事，下次再一起玩吧！或者，你回来后到你同学家去解释一下，向他道个歉，明天玩也没关系。”妈妈又说。

“不行，妈妈。你不是经常教育我要信守诺言吗？我答应了别人的事情，怎么可以随意改变呢？”小成坚定地摇着头。

“哦，我们的小成是一个守信用的孩子，”妈妈会心地笑了，“那你就留下吧！”

妈妈应该加强对孩子进行诚信品质的教育，从小就教育孩子守信用、负责任。告诉孩子，一个言而无信的人，是没有人愿意和他合作的。

建议三：培养孩子的勇敢坚强

培养孩子勇敢刚强的性格，要从小时候开始。妈妈要灌输给孩子这样的道理：孩子就要大胆、坚强、勇敢、能吃苦，而不是遇事只知道逃避和哭泣的可怜虫。

妈妈应注意鼓励孩子勇敢刚毅的表现，爱护孩子的独立性和创造性。例如，孩子喜欢登梯爬高，妈妈此时不要大声吓唬他："掉下来就没命了。"这样会使孩子的胆量越来越小。

妈妈应该赞赏孩子的勇敢精神，同时要给孩子讲清，只有在妈妈的保护下才能爬高的道理，这样既保护了孩子活泼好动的个性特点，又使他增加了安全意识。

妈妈培养孩子勇敢刚强的性格时，要避免孩子把刚强变为粗暴、勇敢变为鲁莽，要引导孩子沿着正确的方向前进。

建议四：培养孩子的孝心

孝顺是一个人做人的基本品德，需要从小进行培养。

李洪山今年 10 岁了，正在上四年级。他的妈妈是个非常孝顺的女儿和媳妇。平时因为住在不同地方，没有多少时间可以尽孝心。

但一到周末，妈妈就开始忙起来了，她去李洪山的爷爷奶奶家帮他们洗衣服、做饭。几乎没有歇脚，妈妈又赶到李洪山外公外婆家给他们做一些家务或者陪他们聊天。

每次李洪山都会跟着妈妈去，年纪小小的他看着妈妈的这些行为，也学会了尊敬长辈、孝顺妈妈的好品德。他经常一回到家就帮妈妈择菜、做饭，或者扫地、洗衣服，还经常帮妈妈捶背。

培养孩子的孝心应该从小抓起，从小事做起。平时教育孩子多关心忙碌的妈妈，体会妈妈的辛劳，同时妈妈自己要做孩子孝顺的榜样。

妈妈教会孩子学会感恩，多跟孩子谈论一下自己的生活，可以带着孩子体验一下自己一天的生活，让孩子了解妈妈的不易，养成孝顺的好品德。

情商高于智商，妈妈要让孩子拥有高情商

家教现场

赵群是一个16岁的高中生，从小家庭条件优越，学习也很出色，爸爸妈妈都认为他是上清华、北大的料，因此努力培养他。

赵群上高中后，随着青春情感的萌动，谈了一个女朋友，但不久这个女孩要跟他分手，赵群立刻崩溃了。因为从小到大，爸爸妈妈都很宠爱他，给他提供优越的条件，他的学习也很顺利，从来没有遭受过挫折打击。

这次失恋还影响到了赵群的正常生活和学习。他不愿意去上学，天天待在家里，一个人躲在房间，不见人，不跟别人玩。偶尔出去，看到大树会抱一下，亲一下。

妈妈认为赵群有严重的心理问题，把他带到精神科去看，而且拿了治疗精神疾病的药物。但他不知道，自己的行为，对赵群的心灵造成了严重的创伤。

后来经过心理专家的辅导，赵群说："我其实什么都明白，就是觉得妈妈给的太多了，我承受不起。我想要有自己的空间，妈妈放手一段时间，让我自己慢慢从悲伤的情绪中走出来。我是可以自己走出来的。"

教育启悟

在现代社会，情商在人生发展的过程中，起着非常重要的作用。情商可以从两个方面来评价，一方面是关于人的情感，一个人爱别人的能力和接受别人爱的能力。

另一方面，是一个人的意志力，表现在做一件事情的过程中，遇到困难、挫折，是否有足够的信心和耐力，让自己克服重重困难，最终达到既定的目标。

妈妈不仅要关心孩子的饮食和学习，更要关心他的学习、生活是不是幸福和愉快，关注孩子的心理感受，关心孩子的精神成长。

即使不跟孩子在一起，如孩子住校，或妈妈出差在外，也可以经常保持电话联系，询问孩子最近的心情好不好，有没有遇到一些事情，而不仅仅是关心他是否吃得好，住得好，分数有多高。

有效培养孩子情商的年龄阶段，是在 3 岁到 12 岁。3 岁之前的孩子是感性思维，脑子里面没有道理、逻辑的概念。3 岁以后，妈妈就可以用一些理性的东西引导孩子，给他讲讲道理，告诉他这样做是对的，那样是不对的；这样是好的，那样是不好的。

孩子 12 岁以后进入青春期，叛逆心理比较严重。这个时期，妈妈要自觉调整自己的角色定位，变成孩子的朋友。

妈妈和孩子交朋友，让孩子和妈妈无话不谈，孩子的情感问题能得到及时疏通，困惑得到及时解决，孩子人生的道路会更加顺畅。

专家给妈妈的建议

建议一：让孩子学会爱

妈妈要十分用心地告诉孩子："妈妈是很爱你的。"孩子感受到这些，就能够容易接受别人的爱和爱别人，因为他有了足够的力量去面对朋友，面对人生。

小剑喜欢打人，揪女同学的辫子，上课起哄等。老师向他的妈妈反映了很多次，妈妈也经常教训他，可是却没有什么效果。

无奈下，妈妈向一位心理专家咨询。专家了解到，由于父母工作忙，小剑从小跟爷爷奶奶长大，在童年时没有得到足够的关爱。现在，他有叛逆行为，是因为在家里获得的关注和爱不够，所以通过一些过激的行为来吸引父母的注意。

妈妈了解到这一点，开始主动和小剑沟通，妈妈想让他感到自己是爱他、关心他的，妈妈觉得，自己坚持下去，小剑就会减少他的激烈行为，变成懂事的好孩子。

孩子最初的人生信心和力量，首先来自于妈妈。孩子打人或不爱跟别人交往，就是他不具备爱别人和接受别人的爱的能力，而这种能力，是在和他人互动的过程中形成的。

所以，妈妈每天工作再忙，也要花时间跟孩子在一起；即使没有很多时间和孩子在一起，也要有效地利用跟孩子在一起的时间，让孩子充分感受到妈妈对他的爱。

建议二：让孩子学会承受

独生子女的心智状态，总是以自我为中心。他认为妈妈、长辈对自己的爱与呵护，都是理所当然的。妈妈应该告诉孩子，要想让别人爱自己，就必须学会爱别人。爱需要双向的交流，才能长久、深厚。

振振是个调皮的男孩，这天，他不小心在玩耍中受伤了，右腿骨折。妈妈带他来到医院，医生给他打了石膏，让他回家好好休息，不能乱动。

这下振振可难受死了。他烦躁不安，可又不敢动，就对着妈妈大吼大叫。妈妈每天精心给他做了可口的饭菜，他动不动就说不好吃，甚至把饭菜倒在地上。

妈妈知道是振振心情不好，所以处处将就他，可是妈妈越忍让，振振越变本加厉。

孩子遇到困难、挫折的时候，是锻炼情商的最好时机。妈妈要告诉孩子，人生总有一些目标是达不成、实现不了的。人也总会遇到挫折、不如意，有些事不能按照预期的目标发展。

在这种情况下，首先要勇敢面对现实，静下心来，仔细分析现在的状况，找到解决问题的方法，这样才能变不利为有利，实现自身发展。

建议三：给孩子适当的心理干预

“孩儿脸，变三遍”，孩子的情绪通常转换很快，如果孩子受到挫折了，或者跟其他小朋友有一些不愉快，也许正哭着，突然看到好东西，含着眼泪就会笑出来，这是正常的现象。

如果孩子沉浸在某种情绪中，久久不能出来，一连几天，甚至一两个星期，这样就必须引起妈妈的注意，要适当做一些心理干预，把孩子从负面、不愉快的情绪中拉出来。

心理干预不一定要看心理医生。妈妈可以找心理咨询师进行咨询，就像身体生病，需要吃药、打针一样，每个人的心理也会生病，存在各种心理问题。妈妈要及时采取措施，帮孩子梳理心理阻塞，让孩子的人生路更通畅。

建议四：多关注孩子的情感需求

孩子处于焦虑时期，更需要情感上的关注和呵护。孩子遇到困难和挫折时，妈妈不要对孩子过于责备和要求，更不要只从物质方面对孩子进行补偿。

妈妈要更多地关注孩子的情感需求，多给孩子一些鼓励和支持，告诉孩子，妈妈始终都相信孩子，一切困难都会过去的。

邀请爸爸参与教育，补充母教的不足

家教现场

小勇的性格比较害羞、内向，有点像女孩。因为爸爸在外地工作，一年回来一次，他从小跟妈妈朝夕相处。妈妈情感细腻，多愁善感，对小勇的性格有一定影响。

上初中后，随着年龄的增长，小勇渐渐发现了另外一个世界，一个属于男性的、阳刚的世界，可是他却融不进去，因为他的性情、他所熟悉的环境，跟这个世界格格不入。他既向往，又害怕，还带着由陌生而生的惶恐。他因此变得闷闷不乐，天天好像有什么心事。

妈妈发现了小勇的异常，经过询问，知道孩子现在的状况。妈妈跟爸爸商量后，爸爸决定休假3个月，利用这段时期，跟小勇好好沟通。

爸爸回来后，在小勇空闲时，跟他聊聊天，给他讲这些年在外的一些见闻和故事。周末和节假日，爸爸会带着他去钓鱼、爬山、游泳，还进行一些短途旅行。

在这些活动中，爸爸鼓励小勇大胆尝试，勇敢面对各种困难和陌生的环境，自己想办法解决问题。在爸爸的引导下，小勇变得开朗多了，也能和其他男孩相处的很好。

教育启悟

在中国，无论是从传统还是现实看，对孩子的教育都是以妈妈为主。传统“男主外，女主内”的家庭模式，丈夫干事业，妻子相夫教子。在现代社会，虽说男女平等，妈妈也参与了社会工作，但家庭教育仍然是妈妈占主导地位。

从心理角度来说，爸爸更多的是带给孩子力量，妈妈更多的是给孩子爱。男性和女性，无论从生理还是心理上，都有各自的特质，所以，孩子完整的教育，需要爸爸和妈妈两方的配合。

对于孩子来说，妈妈相亲相爱，携手同心，孩子才有足够的力量和安全感，去面对人生中的挫折和失败。

一般的孩子，从小跟妈妈在一起，和妈妈的接触更多，亲切的感觉就会更多，这是正常的。如果爸爸能够在适时的时候，用适当的方式，表达对孩子的爱，也不会给孩子造成心理问题。

如，给孩子一个温暖的拥抱，说爸爸很想你等，这些行为和动作，能够传递爸爸对孩子的爱，让孩子感觉到温暖和力量。

爸爸从男性的角度，给予孩子坚强，自立，自强，自信，宽容，使孩子感觉到与母爱不同的爱。母爱是细腻、温和、深厚的，而父爱是严肃、刚强、博大的。父爱同母爱一样伟大，只是爸爸表达爱的方式与妈妈不同。

但现在，“父教缺失”的问题凸显出来。首先，由于离婚率的上升，在由妈妈和孩子组成的单亲家庭中，爸爸疏离于孩子的生活与教育。

其次，在规模庞大的留守儿童家庭，爸爸为求生计外出务工，使孩子不能得到他的指导；第三，即使在完整的家庭中，爸爸也常常把教育孩子的责任推到妈妈一边，未尽到教养的责任。

妈妈应创造条件，邀请爸爸参与孩子的教育，以补足母教的不足。

专家给妈妈的建议

建议一：增加爸爸和孩子共处的时间

世界卫生组织的研究表明：平均每天能与爸爸相处两个小时以上的孩子，要比其他孩子智商高，男孩更像男子汉，女孩长大后会更懂得如何与异性交往。因此，妈妈要督促爸爸增加和孩子共处的时间。

阵阵最近学习不用功，心里烦闷，妈妈问他怎么回事，他也不说，但总是一副心事重重的样子。

妈妈心里很着急，就让爸爸和阵阵沟通一下。在爸爸的引导下，阵阵才说出了最近发生的事情。原来，学校有同学欺负他，他想靠自己的力量解决问题，却不知道怎么办。

爸爸告诉他，他可以宽容大度地原谅那个同学，如果那个同学还继续欺负他，就告诉老师，并且在学习生活中和他保持一定的距离。

阵阵听了爸爸的话，点了点头，心情也好了一些。

现实生活中，爸爸由于工作等原因会将教育孩子的责任推给妈妈，这样不利于孩子的成长。妈妈要提醒爸爸：要抽出时间陪孩子，陪孩子一起游戏、学习，给孩子多一些父爱。

建议二：提醒爸爸要当好孩子的榜样

家庭教育是一个系统的工程，爸爸言传身教，身体力行是维系这个工程的基础，也是取得理想教育效果的重要一环。身体力行是对孩子最好的教育。

蔡依今年以第一名的成绩考上了重点高中，他觉得，自己能取得这样的成绩，多亏了爸爸和妈妈的教育。

其实，蔡依的爸爸妈妈也没有刻意做什么，只是把自己的事情做好。妈妈是教师，一直喜欢看书，也很重视自身学习。同时，妈妈还提醒爸爸给蔡依树立好榜样。

很多孩子听不进爸爸苦口婆心地说教，但是孩子可以看到爸爸的行动，并以此作为自己的行为准则。

妈妈要提醒爸爸：要适当地放下工作，多陪孩子，和孩子一起学习、游戏，在和孩子的接触过程中，用实际行动为孩子做榜样，做学习型的爸爸 。

建议三：帮助爸爸学习必要的教子技巧

社会的飞速发展和知识更新速度的加快，终身教育的理念越来越受到欢迎。爸爸也需要树立终身学习的教子观，跟上社会发展的节奏，不与孩子的需要脱节。

亮亮出生前，爸爸在妈妈的劝说下，也读了一些教子的书籍。爸爸认为，只要按照书中介绍的那样教育孩子就行了，而亮亮也被教育的很好。

后来，亮亮出现了一些不良的行为，可是妈妈的教育方法却让爸爸有些看不过去。妈妈怕因为爸爸的不理解影响亮亮的教育问题，就帮助爸爸学习必要的教子技巧。

爸爸这才发现是自己的教育理论太落伍了，为了更好的教育亮亮，爸爸也专心地学习起来。

在孩子成长的每个阶段，所需要的教育理论和方法都是不同的，爸爸固有的思想无法适应发展的社会。

妈妈要帮助爸爸树立终身学习的教子观。爸爸是一生的职业，只有树立了终身学习的教子观，才会在思想和行为上做好孩子的榜样。

第二章

有效的教子方法，能让孩子在教育中获得更多

尊重是教育的前提，尊重下的教育才能有效

家教现场

张扬正在玩积木游戏，妈妈想让他先去做作业，对他说了两遍“你先去做作业再玩”，张扬还是没动，聚精会神地垒着宝塔。妈妈这下急了，一下把积木推倒，大声呵斥道：“让你先做作业没听见啊！”

张扬吓了一跳，狠狠地瞪了妈妈一眼，打开门跑了出去。妈妈赶紧追出来，问：“你去哪里？”孩子哭着说：“你是个坏妈妈，我不要你了。”妈妈听后很诧异。

教育启悟

作为家庭的一员，孩子在家庭中应该有和妈妈平等的地位。妈妈不要因为孩子小，就认为他不懂事，什么事情都是妈妈说了算，把孩子当成服从的工具，这不仅会使孩子丧失了被尊重的权利，也让妈妈和孩子产生隔阂。

家庭里遇到的事情，有些是不需要孩子知道的，但在关涉到孩子的事情上，就应该让孩子知晓，并且参与到讨论决策中来。妈妈应该认真

听取孩子的意见，让孩子把自己的想法表达出来。

孩子虽然小，但也有自己的意愿，让孩子参与家庭事务的讨论，不仅是对孩子的尊重，还能获得意想不到的收获，这也是培养孩子思维能力、决策能力的机会，会锻炼孩子的独立性和自主性。

妈妈对孩子采取什么态度，孩子就会对妈妈回馈什么态度。尊重孩子，把孩子当成一个有思想、有意识的独立的人，孩子也会把自己当成有自主行为能力的人与妈妈合作，这是两代人良好沟通的前提。

所以，妈妈在与孩子相处的过程中，不要什么事自己来决定，而是要以认真的态度，来征询孩子的意见，大家以民主的方式来决定事情，这样孩子不仅愉悦，而且能更好发展自己的能力，也避免了孩子一意孤行，走向极端的可能。

专家给妈妈的建议

建议一：不做专制的妈妈

孩子还小的时候，妈妈可能会许多事替孩子做主，但到孩子懂得一点事情，很多事就会想按自己的想法去做，这时妈妈应该适当放手了。

敏敏刚上小学一年级，一天吃完晚饭，想要帮妈妈洗碗。妈妈认为她还小，怕她洗不干净，还怕她把碗打碎了，就不同意她洗。

敏敏自己拿起碗，学妈妈的样子开始洗起来。妈妈看她做得还像个样子，就笑着放下抹布，出去看电视了。

刚刚坐下，就听见“啪”的一声，敏敏打碎了一只碗。妈妈对敏敏吼道：“说不让你洗，你偏洗，看到了吧？”敏敏很委屈地哭着说：“老师说妈妈上班很累，让我们帮助做点家务。”

妈妈听到敏敏这么说，也感觉到自己的语气很不好，就轻轻地摸着敏敏的头说：“你们老师说得对，妈妈错怪你了，来，妈妈教你洗碗吧。”

孩子的行为可能会有所失误，可是孩子有了一种行动的思想，并且是正确的，妈妈就应该鼓励、尊重他，而不是对他打击、喝止。

建议二：对孩子说话要用商量的口气

没有人喜欢高高在上命令的口气，孩子也一样。妈妈在对孩子说话的时候，语气要温和，语调要轻柔，让孩子去做事要用商量的口气。

齐馨的妈妈是个音乐老师，唱歌的声音很优美，可是在和孩子说话的时候，孩子就感觉特别刺耳。

一天，小馨在给自己的洋娃娃梳头，妈妈说："别玩了，马上穿上鞋跟我一起出门。"齐馨还没给洋娃娃梳好头，所以没有动。

妈妈马上就发火了："你没听见吗，再梳我给你扔了。"齐馨吓了一跳，生气地说："我不去。"妈妈硬拉她穿鞋，她立刻把鞋子扔了，两个人就这样僵持了半天。

妈妈对孩子说话，语气要缓和，不能强迫命令。特别是对正在干自己事情的孩子，要和他商量，孩子有权决定是否配合妈妈的要求。

建议三：关系到孩子的事要征询孩子的意见

妈妈对于关系到孩子自己的事，要征询孩子的意见。孩子是自己行为的主体，只有孩子自己决定要干什么，他才会全力以赴，把事情做好，否则，有违孩子的意愿，孩子不但不会配合把事情做好，反而可能把事情做得更糟。

征询孩子的意见是民主的一种表现，体现了妈妈对孩子的尊重，孩子也会对妈妈提的问题，积极想出最适合他的对策，从而更有利于事情的解决。

建议四：尊重孩子的意见

妈妈要懂得尊重孩子的意见，即使这个意见不实际，也一定要对孩子的意见表现出兴趣。这能使孩子感到自己的思想是被重视的，会激发孩子遇事开动大脑，积极想办法。

如果妈妈不尊重孩子的意见，把孩子的意见批得一文不值，就会打击孩子的自尊心，以后即使有想法也不会说了，并且会越来越懒于思考，因为他潜意识认为，“无论什么样的想法妈妈都会否定的”。

建议五：孩子能自己决定的事让孩子自己拿主意

现在很多妈妈对孩子的事情会“越俎代庖”，认为孩子的事自己不过问就会出问题，很不放心。

其实随着孩子的成长，很多事孩子都能自己做出合理的选择、决定。孩子能做的事妈妈就不应该再过问，应该让孩子自己去解决。

妈妈如果事事过问，甚至替孩子拿主意，就会丧失孩子的自主性，并且使他感觉自己不被尊重。在孩子自己能做主的事情上，妈妈应该学会放手。

善于倾听，巧妙诉说，做个了解孩子的妈妈

家教现场

李亚迪的妈妈和她说话的时候，总是微笑着与她平视，这让亚迪感觉妈妈和自己一样高了，就乐于和妈妈聊天、做游戏，就像朋友一样，亚迪也很能理解妈妈。

一天，妈妈心情不好，亚迪想要妈妈陪她一起做游戏，就问妈妈：“妈妈，你能和我一起玩吗？”妈妈微笑着说：“宝贝先玩，妈妈心里有点事，要处理一下。”

亚迪说：“我愿意和你一起处理，这样就会尽快处理完了，妈妈的心情就好了。”妈妈感觉亚迪真懂事，心情一下子就开朗了。

教育启悟

说和听是人和人沟通的基本方法，听、说没有人不会，可是会听、会说就没那么简单了。妈妈只要在听、说上下工夫，才能做到很好的了解孩子。

妈妈对孩子说话、听孩子说话是一门艺术。能说会听的妈妈，能够

很好地和孩子沟通交流，很好地理解孩子的想法和需要，因此能够在快乐的气氛中教育出“听话”的好孩子。

妈妈首先要会听。能听才能了解孩子的想法，才能懂得孩子的需要，明白孩子思想和内心深处的声音。

常言道“听话要听音”，有时候孩子说话意在言外，妈妈就要理解这种艺术，并且根据孩子的真实需要来回答，这样才是个聪明的妈妈。

同样的话用不同的态度说出来，效果就不一样。妈妈要到达同样的目的，一种语气能够使孩子乖乖按你说的去做，另一种语气可能使孩子无动于衷，甚至逆反。这其中就包含着说话的艺术，妈妈要做一个会说话的妈妈，孩子自然会乐意听从。

要想培养出听话的好孩子，妈妈要练的一项基本功就是听和说，只有会听，妈妈才能接受到来自孩子的有效信息；只有会说，妈妈才能很好传递出自己的意思。妈妈要建立起母子良好交流的平台，那就是具备听和说这两项基本功。

做妈妈的一定要学会听、说，不要以为自己都听、说几十年了，还能不会说和听吗？

其实，妈妈要明白，和孩子说话、听话不同于成人之间，孩子有独特的世界和思维逻辑，妈妈只有把自己放在孩子的世界，才能真正理解孩子，顺应孩子的思维，才能处理好问题。

专家给妈妈的建议

建议一：走进孩子的世界

孩子为什么喜欢和同龄的小朋友玩，是因为小朋友和自己是对等的，有着共同的思维模式。

妈妈要想更好地了解孩子，就要走进孩子的内心世界，从孩子的思维角度去看问题。妈妈只有用孩子的眼睛去看问题，才能找到解决和孩子之间的问题所在，从而找到恰当的方法去解决问题。

建议二：蹲下来和孩子说话

要让孩子能很好地听自己讲话，妈妈的视线最好和孩子的视线保持平行，看着孩子的眼睛对他讲话，这样他就会看着妈妈认真地听。

这是因为，眼睛是一个人最能传递信息的窗口，在同一高度和孩子说话，孩子没有距离感，能够很好地接收信息。

如果妈妈高高在上，孩子需要仰着头才能看到妈妈的脸，这样孩子会很费劲，而且也不愿意，妈妈的话当然也不能很好地进入耳朵，更别说去认真理解和执行了。

因此，妈妈一定要保持和孩子同样的高度，并且认真地看着孩子的眼睛，这样说出的话才最有分量。

建议三：耐心地听完孩子的讲话

由于生活节奏的紧张，工作的繁忙，妈妈可能对孩子变得没有耐心，经常会把孩子讲到一半的话打断，把需要和孩子详细解释的话，直接变成简洁的命令，这样做，使孩子丧失了表达意愿的机会，容易造成孩子的误解。

于小凡放学回家，对正在电脑前的妈妈说："妈妈，你给我 50 块钱吧，我想……""又要钱，你想，你想干什么啊？"小凡的话还没说完，妈妈就大声地打断了，使小凡的另一半话噎在嘴里。

看到妈妈这个态度，小凡没再说什么，只是很失望地看了一眼妈妈，转身走开了。其实，小凡是想给快要过生日的奶奶买件生日礼物。

妈妈对待孩子要有耐心，一定要认真听完孩子的话后，再发表意见，这是对孩子的尊重，也是了解孩子真实想法的最好途径。

建议四：理解孩子话语的弦外之音

孩子说话有时候也不是直接的，孩子也会耍一些小聪明，试探地提出要求。这时，妈妈就要理解出孩子话语的弦外之音。

小茜做完作业，问妈妈："妈妈，今天你还去买菜吗？"妈妈知道她

也想跟着去，就说：“去啊，你要一起去吗？”

这正是小茜希望的回答，小茜高兴地点点头。

妈妈要清楚孩子的想法，合理的想法，就要尽可能地满足。要知道，满足孩子的意愿，能让孩子在理解的快乐里成长。

建议五：和孩子说话要讲求技巧

妈妈和孩子说话要有一定的技巧，用一种引导的方式进行，把孩子带入到自己愿意说的情景中，而不是让孩子无从回答或不想回答。

文轩刚上幼儿园的时候，妈妈为了更好地了解他，每当文轩回到家里，妈妈就会问他：“你今天在幼儿园都学了什么啊？”“中午吃的什么？”文轩的回答往往是：“学了字母”，“吃饭”。

妈妈感觉这样问答的方式不行，后来换了一种问法：“今天有什么快乐的事发生吗？妈妈看你现在嘴还没合拢呢！”文轩说：“今天和一个小朋友垒了长城，还在上面放了几门大炮，可长呢……”

掌握了提问的方法和技巧，孩子的话就会多起来，有时候还会绘声绘色的形容情景，这同时会促使孩子语言能力的发展。

不一定迁移住所，但要给孩子创造好的成长环境

家教现场

徐冉的妈妈很喜欢打麻将，家里经常会有很多人，闹哄哄的玩上半天，有时甚至到深夜。嘈杂的声音让徐冉睡不好觉。

徐冉给妈妈说过让他们小声点，可是他们玩得高兴或不高兴的时候，还是控制不住地大声吵嚷。

在这样的环境中，徐冉的学习和休息都受到很大影响，因此成绩总是不理想。妈妈虽然在其他方面很能满足徐冉的要求，可是这样的环境严重影响了她的学习。

有时候徐冉劝妈妈别玩了，让妈妈换一种健康的放松方式，妈妈还骂她不能体谅自己，自己辛辛苦苦地挣钱，连一点娱乐都不能有了。

教育启悟

对于没有上学的孩子，家庭几乎是生活的全部范围；对于读书的孩子，家庭则是学校之外的重心。因此，家庭环境的好坏，直接关系到孩子行为习惯的养成、人格品德的培育、学习成绩的优劣。

妈妈要为孩子营造一个温馨的家庭，一个文化氛围浓厚的环境，这不仅能保证孩子的学习不被打扰，还能引发孩子的主动探索精神。

历史上有很多关于环境影响孩子成长的事例，最为典型的就是“孟母三迁”的典故。孩子的自我分辨能力不强，具有随众心理，周围的人和事都是孩子学习和模仿的对象，如果周围的人品行不端，就可能使孩子以为整个世界都是这样，也养成不良品行。

外部环境较难改变，但是妈妈能改变自己的家庭环境。妈妈应该提高这种认识，不断地改进自己家庭的氛围，创造一个和睦的家庭，一个学习的家庭，一个友爱的家庭，一个孝敬的家庭。在这样的家庭里，孩子就会学会与人为善、追求知识、付出关爱、孝敬妈妈等。

因此，妈妈一定要以身作则，把家庭环境管理好，把家庭氛围维护好，把学习环境创造好，让孩子生活在一个和谐、友爱、向上的氛围中。

专家给妈妈的建议

建议一：把家收拾得井井有条

中国家庭模式中，大多是女主内男主外，妈妈在家庭中的责任就显得尤为突出。造就一个什么样的家庭环境，大多取决于妈妈。妈妈要给孩子一个干净、整洁、有条理的家，在这样的环境中，孩子的成长会更健康。

妈妈的行为，直接影响孩子的行为，如果家里到处都很乱，孩子也会养成邋遢、做事没有条理的坏习惯，不会整理自己的书包、课桌等。乱糟糟的环境，也影响孩子学习的注意力，达不到良好的学习效果。所以妈妈应注意收拾家务，把家理得井井有条。

建议二：夫妻之间要和睦

和睦温馨的家庭，会使孩子感觉到温暖，家对他有一种吸引力，让他愿意在家里待着。在这样的家庭里，孩子心理发展会更健康。

黄子明的爸爸妈妈总是吵架，常常不是恶语相加就是拳脚相见，子明每次看到这样的场面，都不知如何是好。

小的时候，子明总是被吓得哭起来，现在，他总是安静地躲在自己的小屋里。看到别的同学的父母相亲相爱，他就特别羡慕。

子明现在胆子特别小，听到客厅里有动静，就赶紧用被子蒙住自己的头，还特别不愿意回家，当然也不能很安心地去学习，成绩总是一般。

家庭和睦美满，是孩子健康成长的基本前提。在友爱和谐的环境中，孩子感觉幸福的同时，也能学会付出爱。

建议三：营造一个学习的家庭氛围

一个良好的家庭环境，除了外在条件外，内在氛围也很重要。如果妈妈都爱玩，喜欢打牌，恐怕孩子很小也会成为打牌“高手”。如果妈妈都爱学习，经常与书籍为伴，孩子也会受到感染，愿意和书结缘。

程成的妈妈很喜欢读书，家里书柜就有两排，里面各种书籍都有。

一有空，妈妈就会拿本书来看。程成3岁的时候，妈妈教会他识很多字。所以，在妈妈不能陪他玩的时候，他也会找几本小儿书自己看。

到5岁的时候，程成已经看了不少书，还经常提醒妈妈：我们该去看书了。

什么样的家庭气氛，培养什么样的孩子。给孩子营造一个热爱学习、积极向上的家庭氛围，一定会造就一个爱学习、懂上进的好孩子。

建议四：给孩子一个安静的学习环境

家庭是孩子学习的一个重要营地。安静的环境，才能使孩子的思绪不被干扰，能够更好地投入到学习中。

孩子在课堂上接收了老师传授的知识，在家庭里进行消化和吸收。孩子在家里回味老师的讲课内容，在家里做练习巩固知识。只有给孩子一个安静的学习环境，孩子才能很好地去做这些事。

在孩子学习的时候，妈妈不要弄太大的声响，电视声音也不要让孩子听到，最好保证孩子的小屋里与外界是隔音的，使孩子在思考时不受任何干扰。

建议五：制定一个人人遵守的家庭规章

好的家庭环境需要家庭成员共同维护。妈妈可以通过制定一个人人遵守的规章制度，来维护家庭秩序，约束家庭成员之间的行为。

例如：当家里有人在休息的时候，其他人不要大声喧哗；当有人在工作或学习的时候，其他人不要打扰他，让他能专心致志等。

制度要每个人都遵守，妈妈、孩子都不例外。这样坚持下来，每个人都会养成一种良好习惯，习惯养成以后，就算没有了规章，大家也能很好地维护家庭环境。

身教教育，显然比言语说教更有价值

家教现场

石静今天跟妈妈去看望奶奶。到奶奶家后，妈妈帮忙奶奶准备了一桌好吃的饭菜。吃完饭，妈妈抢着去刷锅洗碗。

忙活完了，妈妈就坐下和奶奶聊天。看到奶奶的头发很乱，妈妈拿起梳子给奶奶梳头，奶奶喜笑颜开的，很享受妈妈这样的服侍。

看到妈妈的行为，小静的心里就记下了。晚上回到家，小静也拿起了梳子要给妈妈梳头，妈妈笑着答应了。

教育启悟

托尔斯泰说：“全部教育，或者说百分之九十九的教育，都归结到榜样上。”妈妈是孩子第一个、也是最亲近的榜样，妈妈的一言一行，都可能会被孩子记住并模仿。所以妈妈一定要明白“以身垂范”的重要性，认真为孩子做一个好的范本。

孩子的习惯和个性养成，主要在家庭完成。妈妈不要以为到了学校，老师会重新塑造孩子。

实际上，学校在孩子行为模式、性格培养上只起辅助作用，这些应该是家庭的主要责任，是妈妈的首要责任。因此，妈妈要担当起对孩子品格、道德、习惯培养的责任。

孩子小的时候，没有对错意识，没有好坏之分，妈妈的行为对他来说都是对的，自己也应该照妈妈那样去做。所以当自己处在一个特定环境中，孩子也会表现出妈妈那样的言行。这一旦形成一种固定的认识，是很难改变的。

妈妈一定要注意自己的言行，要时刻记住，孩子在看着自己，不能给孩子纯真的心灵造成任何污点。要把一切好的品行表现给孩子，让孩子看到世界最美好的一面。

从现在起做起，把正直的、善良的、坚强的、勇敢地、乐观的、积极进取的、守信用的等良好品行传递给孩子。妈妈具备了，也就帮助孩子具备了。

专家给妈妈的建议

建议一：妈妈要意识到自己是孩子的榜样

妈妈是孩子学习的榜样。不管孩子大小，妈妈的行为都对孩子都有非常大的影响。妈妈要意识到自己行为对孩子来说意味着什么。要想培养出一个品学兼优的孩子，妈妈就一定要注意自己的一言一行。

李斌的妈妈平时做事很马虎，总是丢三落四，不是忘带钥匙了，就是把文件、钱包等弄丢了，经常要麻烦爸爸帮忙。小斌有时候也会出现这样的问题，什么事都不太放在心上，出问题了就找妈妈。

妈妈看到小斌的这个毛病，反省了一下自己的行为，认为小斌可能都是跟自己学的，决定改掉自己的毛病。

每次逛街、办事等，妈妈都要什么事都考虑清楚了，东西检查带全了，才离开，有意识改掉自己马虎的毛病。在妈妈的影响下，小斌也不再马虎了。

俗话说：孩子是妈妈的镜子。妈妈的行为习惯，直接影响孩子的行为习惯，妈妈能从孩子身上看到自己的影子。所以妈妈要时刻反思自己的行为，发现不当之处马上改正。

建议二：妈妈要具备良好的行为举止

妈妈既然是孩子的榜样，就要符合榜样的要求。做一个善于倾听，和蔼可亲、品行端正、认真负责、幽默乐观、讲礼仪的妈妈，才是一个合格的典范，才是值得孩子模仿和学习的榜样。

如果妈妈不具备这些素质，就要幡然醒悟，不断学习，提高知识和修养，规范言行举止，从而给孩子带来好的影响。

建议三：妈妈良好的品行要让孩子“看”到

家庭应该是开放的，妈妈的行为处事，特别是一些好的、对孩子品德有启发的行为，要让孩子看到，这样孩子才能接收到这方面的信息，并且耳濡目染，潜移默化，逐步内化为孩子自己的行为标准。

妈妈的良好品行，可以在生活中自然地展现出来。对于急需孩子明白的道理，妈妈可以设立通过具体的场景，自己去做，让孩子看到，从而达到不教之教的目的。

建议四：妈妈不要对孩子命令、说教

孩子由于年龄小，心智还不够成熟，不可能用理性去分析，妈妈对他讲一些大道理，他根本不会去理解和接纳，仍然会按自己的一套去做。

王小惠特别爱美，总是让妈妈给她买漂亮的衣服、鞋子等。开始妈妈也没当回事，感觉给女孩穿得漂亮是应该的。

可是才上小学五年级，小惠就学大人的样子化妆，还总是和妈妈说，某某人的头发是新做的，好漂亮，表现出满脸的羡慕。

妈妈这才发现，小惠越来越关注自己的外在形象了，这样怎能用心好好学习？于是给她讲了一堆大道理，理想、追求、学习的重要性等等，让她以后不要太关注服饰化妆了。

但小惠仍然我行我素，放学后经常去光顾一些饰品店，给自己添置一些小饰品。

妈妈对孩子一些不当行为，应该及时发现，加强引导。直接的命令说教，通常不会起到应有的作用。只有深入孩子的心理，用一种孩子容易理解和接受的方式，妈妈的教育才能取得好的效果。

教育需要认识、区别孩子的特点，因材施教

家教现场

秀儿的妈妈是个音乐教师，她希望把女儿培养成一个歌唱家，所以从小就给她经常放音乐，并亲自唱歌给她听。可是秀儿却对音乐一点感觉都没有，妈妈教她各种儿歌，她都唱得跑了调，而且也不喜欢去唱。

妈妈觉得很无奈。一天，妈妈看到秀儿拿着笔在画画，旁边是妈妈的照片，原来是在画妈妈的肖像。她很专注的样子让妈妈感动，而且她画得还真是那么回事

从此，妈妈就有意买回一些画册、画笔等。秀儿每天放学回来，都会去涂鸦一番，还要妈妈给她买一个画板，逐渐地显示出绘画方面的天赋。

教育启悟

两千多年前，“因材施教”的教育理念，已经被伟大的教育家孔子发现并实施。就是要根据孩子自身的特点来教育孩子，不能生搬硬套。

就像做木工，要根据木头的纹理进行修理，才能做出精美的器物，妈妈对孩子的培养也一样，只有根据孩子的性格爱好，才能培养出优秀

的孩子。

妈妈要善于发现孩子的性格特点、行为特点、所长所好，根据孩子的个性，来选择培养孩子的适当方式。

孩子的特长与遗传、身体素质和生活环境等都有关。如：喜欢跑跳的可能善于体育活动，手指灵活的擅长键盘型乐器，手指长的能处理好管玄乐器等等。妈妈根据孩子的特性来进行教育，会收到良好的效果。

孩子在某一方面具有的天赋，可能不会很明显的表现出来，但在平时的生活中会显露痕迹。妈妈就要做个有心人，要善于发现，懂得推理，然后尝试给孩子一个展示的机会，把孩子的潜能充分挖掘出来，再进行系统的培训、学习，孩子就有可能在某方面取得很高成就。

教育重在因材施教。如果强迫孩子去学习自己不喜欢的、不具有潜力的东西，孩子在妈妈的压力下，也可能掌握一些技巧，能够完成基本或熟练的操作。

但是，如果孩子不是出于主动，不是对它感兴趣，就不会产生灵感，不能激发创造，也就培养不出真正的才干。

专家给妈妈的建议

建议一：找到孩子的兴奋点、擅长处

每个孩子都具有不同的特质，也有不同的擅长和不擅长的地方。妈妈应该善于观察，找到孩子感兴趣的东西，发现孩子的擅长处，然后根据孩子的特点，选择适合他的学习门类和方法。

妈妈只有找对点，才能让孩子把这个点发挥开来，形成自己的特长、专长，打下未来事业成功的基点。

所以，孩子兴奋点、擅长处的发现，对孩子来说非常重要，对妈妈的教育、引导来说更为重要。一定找准，找准了，就是找到了开启成功的一把钥匙。

建议二：根据孩子的性格、兴趣培养特长

性格是先天和后天共同作用形成的，不同的性格特征，决定了一个人在哪些领域会表现优异或糟糕。性格决定兴趣，所以妈妈可以根据孩子的性格、爱好，选择培养孩子什么样的特长。

小莫从小就很羞涩，很文静，不太爱说话，因此也不喜欢和很多人一起玩，而是喜欢一个人看书、思考、幻想。

看到小莫这种性格，妈妈一是想让她活泼一些，再一个希望孩子有个特长，就思考着，让她学点什么特长呢？

一个偶然的机会，妈妈发现小莫作文写得很好，构思奇特，语言生动，突然茅塞顿开：写作，不正是适合小莫的特长吗？

于是，妈妈经常买来各种文学作品让小莫阅读，鼓励她写作时充分发挥丰富的想象力，可以尝试多种文章形式，如散文、诗歌、幻想小说等，更是鼓励小莫勇敢投稿。

结果，小莫的作品经常出现在报纸、杂志上，在学校里小有名气。

根据孩子的性格、兴趣去培养孩子，能挖掘孩子最大的潜力，发挥孩子最大的积极性，使孩子更容易获得成功。

建议三：根据孩子的特点安排学习方式

由于每个孩子的生物钟和喜好不同，学习方式和学习效率也因人而异，妈妈不要自以为是地给孩子安排学习时间，而要孩子根据自身特点，选择适宜的学习方式。

有的孩子喜欢早起看书，有的孩子喜欢晚上学习；有的孩子喜欢一个人静静地看书，有的却喜欢大家一起学习；有的要午休，有的却不要；每个孩子记忆最好的时间段不同，等等。

妈妈让孩子选择最佳的学习方式，不要武断地强求孩子必须怎样做。

建议四：充分发挥孩子的自主性

孩子没有那么多规范教条的束缚，思想比较自由发散，所以孩子是最有创造力的。妈妈不要阻止孩子漫无边际的想象和自由自主的行动，而要孩子在想象和表现中，训练和完善自己的思维。

晓晓脑子里整天有许多奇异的想法。一天，她拿出妈妈新买的彩色粉笔，在墙上涂鸦起来。妈妈看到她对洁白墙壁的破坏，开始想阻止，后来想想还是算了。

过了一会，妈妈走过来观看晓晓的“杰作”，问她：“你画的是什么啊？”晓晓指着图画说：“这是妈妈、爸爸和我，我们一起坐飞船去月亮旅游。”

妈妈不禁被逗乐了，惊异和赞叹晓晓想象力的丰富。

让孩子自由发挥自己的想象，提供满足孩子的表达手法，从中观察孩子的思维和行为，妈妈就能很好地发现孩子的特点，因材而施教了。

妈妈的赏识，是孩子成长中必不可少的阳光

家教现场

方紫烟今年5岁，是一个活泼可爱的小姑娘，聪明懂事，并且能弹出优美的电子琴乐曲。这些成就，与妈妈对她的赏识教育是分不开的。妈妈的认可和赞赏，使紫烟更加努力，并且在各方面都尽量做好，以博取妈妈欢心。

紫烟在开始学琴的时候，总是找不准音，手法也总是记不住，因此弹得总是跑调。妈妈听了没有责怪她，而是说："好宝贝，弹得真好，比前几天进步多了，如果能区分开咪和啦这两个音就更好了。"

妈妈赞赏中的提醒，使紫烟既开心又惭愧，决定一定要注意那两个音。就这样，在妈妈的不断赏识下，紫烟也在不断的进步当中提高着。

教育启悟

赏识，特别是自己最重要、亲近的人给予的赏识，更能激发人的上进心。妈妈给予孩子赏识，会让孩子在爱的阳光下，感受到更加温暖的力量，促使他更好地去学习和表现自己，这非常有利于孩子的健康成长。

赏识的力量是无穷的，它就像一种催发剂，能把孩子内心深处潜藏的力量发掘出来，从而表现得更优秀。赏识是一种积极的刺激，妈妈可以用它去激发孩子的信心和能力，从而达到成就孩子的目的。

赏识不需要太多言语和行动，有时一个肯定的眼光，一句赞赏的话语，一个佩服的手势，一个温暖的拥抱，都会让孩子感到鼓舞。

妈妈应该不要吝啬这种赏识的行为，要向孩子慷慨地表达自己的赏识，有力地促进孩子的进步。

表达赏识不需要太多代价，只要妈妈感受到孩子向上的心理，善于发现孩子的优点，并且及时给予孩子积极的认可，孩子都会马上接收到这个信息，并且转化为自己的内在动力，力求在学习或其他行动上更好地表现自己。

做一个积极的、理解孩子的好妈妈，把爱变成滋润的雨露洒向孩子的心田，而不是暴风骤雨，去摧残孩子的心灵，妈妈一定会收到孩子赠与的丰硕果实。

专家给妈妈的建议

建议一：表达对孩子的爱意

孩子是敏感的，妈妈对孩子表达赏识，会让孩子感受自己是被喜欢的，是被妈妈爱的。这样孩子会觉得很幸福，也愿意让妈妈开心，做一些妈妈期望看到的事。

所以，妈妈一定要用微笑面对孩子，用赞扬激励孩子，用赏识肯定孩子，让孩子感受到妈妈无穷的爱。

建议二：满足孩子的心理期望

没有人希望被别人说成是失败的、没用的，这会使人丧失勇气和信心，并且感到生活的无望。

妈妈面对孩子，一定不能给予否定，特别是一个满怀期望的孩子，无论他事情做得好坏，妈妈都应该满足他一种被认可、被肯定的期望心理。

美美在练习书法，她认真地写了半天，自己感觉很满意，然后兴冲冲地拿去给妈妈看，一心希望得到妈妈的赞扬，可是妈妈看后却说："没什么长进，还差得远哪，你慢慢练吧！"

美美听了很失望，感觉自己真的很努力了，却还是没长进，于是不想再练了。

孩子的心是脆弱的，妈妈一句无意的话，可能伤害到那颗稚嫩的心。所以，妈妈一定要做个善解孩子心意的妈妈，不要让孩子满怀期望的心理受到打击。

建议三：肯定孩子的成绩

孩子都有一种表现欲，孩子希望自己被肯定，更希望这种肯定来自于妈妈。妈妈应该知道，这是提高孩子积极性的最好方法。

孩子在做某件事情的时候，特别是刚开始时，即使孩子的进步很小，妈妈也要及时表示肯定和赞扬。这会使孩子产生成就感，增加自信，愿意去更积极地努力，取得更大的成绩。

妈妈不要忽视孩子小小的进步和成绩，孩子生活在被肯定的状态下，才能形成良好的心态，才能具有自信和不断前进的勇气。

建议四：告诉孩子"你很棒"

孩子几乎没有自我评判性，他对自身价值的认识，基本来自于外界。积极的评判对孩子能起到很好的激励作用，而消极的评判则会使孩子丧失信心，消极抵抗。

妈妈在孩子小的时候，应该给予孩子更多积极的评判，让孩子形成良好的自我认知，这是他成就未来学业和事业的基础。

妈妈应该告诉孩子"你很棒""你能做到""你很聪明"等正面的肯定的语句，这些积极的价值评判，会对孩子产生良好的心理作用，使孩子满怀信心地去做任何事，这是他未来成功的起始条件。

建议五：不要随意批评孩子

孩子由于自身经验的缺乏，开始时不可能什么都能做好。他可能会失败，无法完成妈妈的预期和任务。

在这样的情况下，妈妈不要批评孩子，而是首先对他的付出表示肯定，然后，再教他改进做事的方法，让他不断尝试，直至成功。

习习今年上小学三年级，学校开始学习英语。妈妈对她英语学习很关注，希望从一开始就打牢基础，于是，每天习习回到家，妈妈都向她提问，让她默写英语单词。

刚开始时，习习默写十个会错五个，妈妈没有批评她，而是对她默写对的表示肯定，然后教她练习和记住单词的方法。

通过妈妈正确方法的指导，习习很有信心，在后来的默写中，差不多都能写对了。

当孩子完不成任务、做不好事情时，批评只能打击孩子的自尊心和自信心，妈妈正确的做法，是鼓励和用正确的方法去引导。

亲近并陪伴孩子，爱孩子是最好的教育方法

家教现场

刘柳的妈妈由于工作的原因，需要经常出差，没有多少时间陪她。现在刘柳5岁了，有时候一个礼拜都见不到妈妈一面。因此，对妈妈有点陌生。

刘柳感觉自己像是被妈妈抛弃的孩子，所有总是郁郁寡欢，看到别的孩子在妈妈身边撒娇，她就特别羡慕。

渐渐地，刘柳变得不爱和小朋友们玩，也不爱说话，总是一个人发呆。即使有时妈妈在家，也不愿意和她去亲近。

妈妈发现刘柳的这些变化，担心会造成她性格上的缺陷，所以毅然换了工作，能够每天都陪伴刘柳，刘柳变得开心起来。

教育启悟

妈妈是孩子第一需要的人。妈妈给予孩子的，不仅仅是生活上的养育，知识上的教育，更是心灵上的依托。妈妈的爱是任何人不能替代的。

孩子对妈妈有种天然的依赖。婴幼儿时，孩子看到妈妈就会感到安全、

满足。长大后，孩子有了自己的内心世界，妈妈也要继续亲近孩子、陪伴孩子。

只有让孩子感觉到妈妈无微不至的关爱，才能走进孩子的心灵，得到孩子的信任和接纳，从而很好地与孩子沟通，否则很容易产生隔膜感，妨碍亲子之间的交流。

妈妈对孩子的成长起着非常大的作用，孩子的身体发育、品德、行为、习惯的养成，都和妈妈息息相关。妈妈要自觉担当起这个重任，不断亲近孩子，多陪伴孩子，使孩子的心灵充满阳光、温暖。

妈妈要一直保持和孩子亲近的态度。妈妈可以改变接触孩子的方法，但不能变的是关爱孩子的心。

即使妈妈再忙，也不要忘记和孩子接触、交流，及时疏导和解决孩子生活中的困惑、学习中的问题，做个亲进孩子、了解孩子、引导帮助孩子的好妈妈。

专家给妈妈的建议

建议一：再忙都不要忘记陪孩子

现代社会，生活节奏比较快，很多妈妈都要工作，甚至工作会很忙，但是妈妈要记住，再忙，也一定不要忘记抽出一定的时间，陪一陪孩子，让孩子感觉到妈妈的存在和关爱。

楚楚的妈妈上班比较忙，而且是早出晚归型。根据孩子的作息规律，应该是一整天都见不到妈妈的，可事实却不是这样。楚楚不但每天能见到妈妈，而且还会听妈妈说说话，讲讲故事。

原来，楚楚有夜里上厕所的习惯，每到十二点左右就会醒来，这时妈妈也还没睡着，就走到楚楚的房间，抱着她和她聊一会，楚楚真切地感受到妈妈的爱抚，也很享受这段宝贵时光。

妈妈和孩子保持亲密接触，是形成孩子良好心理的最佳方式。因此，妈妈一定要想办法，抽出一定的时间来陪孩子。

建议二：把孩子当成朋友

妈妈要想和孩子保持良好的关系，就应该把自己变成孩子的朋友，这样孩子才会把妈妈当成亲密的伙伴，什么事都向妈妈说，让妈妈走进他的世界。

如果妈妈总是一副居高临下的样子，对孩子老是命令、指挥的态度，就必然遭到孩子的排斥，用孩子的话说，“我们不是一伙的”，这样孩子怎能和妈妈无话不谈呢？

因此，妈妈一定要放低自己的姿态，让孩子把自己当成亲密的朋友。

建议三：变着法和孩子交流

孩子随着年龄的增长，不会再像小时候那样整天粘着妈妈了。他有了自己的朋友圈，并且有了性别倾向，可能和妈妈的关系会有所疏远，不愿意什么事都告诉妈妈，即使遇到难为情的事，也不愿和妈妈说。

当孩子长大了，不愿意和妈妈分享心事的时候。妈妈可以变着法和孩子交流，以帮助孩子解决心理和生活中的问题。例如，可以通过写信、发邮件等间接的方式，与孩子交流思想。

建议四：和孩子共同参与一项活动

在生活中，为了加强妈妈和孩子之间的沟通和交流，形成一种和谐融洽的亲子关系。妈妈可以通过和孩子共同参与某项活动，来实现相互激励、得到交流乐趣。

由于种种原因，小希特别喜欢和爸爸玩，总是和妈妈作对。这天，小希学校要举行运动会，她报了一个中跑项目。

妈妈为了和小希拉近距离，就利用这个机会对她说：“正好妈妈想每天早晨起来跑步，锻炼身体加减肥。我们一起去跑步吧，你正好为运动会做做准备。”

妈妈和小希约好，每天到约定的时间，谁还没起床，另一个人就负责把她从床上拉起来，并相互激励坚持下去。

于是每天早上，母女俩都会在公园小路上跑步，感情也随之与日俱增。

通过一个共同参与的项目，可以激发孩子与妈妈有意识的协作感，加强两代人的沟通和理解，是增强亲子关系的好办法。

建议五：拥抱你的孩子

没有什么比拥抱更温暖、更让人感动了。妈妈要经常拥抱孩子，一个小小的动作，会让两个人产生很多美好的感情，妈妈又何乐而不为呢？

当孩子走出家门去上学的时候，妈妈给他一个拥抱，让他走路小心点，他会含着微笑愉快的走向学校，在愉快的心情下学习，效果当然会更好。

当孩子遇到困难挫折时，妈妈给孩子一个拥抱，是鼓励，是安慰；当孩子成功时，妈妈给孩子一个拥抱，是赞扬，是肯定。多给孩子拥抱，让孩子深切体会到妈妈的爱。

第三章

常见的不一定是正确的，妈妈要走出教育误区

孩子不是奴隶，妈妈不要干涉孩子的自由

家教现场

文渊小的时候很调皮，活泼好动，总是把家里搞得乱七八糟，把衣服弄得很脏，让妈妈很头痛。

因此，妈妈一看到他在沙发上跳着玩，就赶紧把他抱下来，不准他这样玩，摔下来怎么办。看到他在玩水，也总是把水倒掉，怕弄湿了衣服。他玩玩具怕他弄坏，总是不断在旁边提醒。

总之，妈妈对文渊看得很紧，总是对他说：不准这样玩，不准那样玩。行动自由总是受到妈妈的限制，文渊变得很“讨厌”妈妈，动不动就对妈妈发脾气。

以前那个爱说爱笑的孩子不见了，成为一个脾气暴躁，性情无常的孩子。

教育启悟

创造源于自由的思想，大胆的尝试行为。孩子天生对世界很好奇，总喜欢用自己的方式探索世界，认识世界。

妈妈要理解孩子，让孩子自由地玩，自由地做事，自由地思考。不要总是限制孩子的自由，企图让孩子变成一个“听话”的好宝宝。

过分限制孩子的自由，实际是对孩子天性的扼杀，给孩子带来的是一种厄运，孩子会因为妈妈的过分“保护”，而失去探索世界的权利，成为妈妈的小木偶，这样的孩子是没有创造性的，是缺乏探索欲的，是很难适应变化多端的世界的。

妈妈只有懂得放手，孩子才能学会走路；只有放心给孩子自由，孩子才能给妈妈惊喜地回报。让妈妈放手，并不是说完全放羊式地不管不问，而是在一定的前提下，有保护地放养。

在给孩子自由的时候，妈妈要教会孩子处理生活中、学习上、人际关系上的一些原则，培养孩子的自觉性和责任心，这样就不必担心孩子滥用自由，毫无原则。

孩子到了一定的年龄，妈妈首先要培养孩子养成良好习惯和好的品德，再给孩子自由，孩子的自由就会有个度。

尊重孩子的自由，解放的不仅是孩子，同时也是妈妈。妈妈不要总是把孩子想象得什么都不行，担心他这，担心他那。

妈妈过分地不放心孩子，会使得孩子很累，妈妈也很累。放手让孩子自由生活和学习，孩子能在轻松的状态下表现得更好，学习得更优秀。

专家给妈妈的建议

建议一：不要威胁说“不听话就不爱你了”

妈妈对孩子的爱是无私的，不会因为孩子不听话而改变。妈妈有些话是不应该说的，像“你听话，不听话妈妈就不爱你了。”“不听话，妈妈就不要你了。”这些话说出来有时候确实能使孩子“听话”，但是也给孩子心里造成了很大伤害。

小雨感觉大人的鞋子好玩，就把爸爸妈妈的鞋子从鞋柜里一双双拿出来摆在地上，还伸进小脚试着穿穿。妈妈看孩子把鞋子弄得到处都是，让他不要玩了，走过去把鞋子收起来。可是一转眼，孩子又开始拿出来。

妈妈很生气地对小雨说：“不准再拿了，不听话妈妈就不爱你了。”小雨听妈妈这么说，立即停止了玩耍。他很委屈地对妈妈说：“我不玩了，你还爱我吗？”

妈妈说：“那才会爱你。”小雨沉默地坐在地上，不说话也不动地待了半天。

孩子的心灵是用玻璃做的，妈妈不小心就很容易把它打破。孩子会相信妈妈说的每一句话都是真的，为了讨好妈妈，他就会强迫自己忍耐，这样委屈的心经常受到压抑，会使孩子形成不良的心理，影响孩子以后的待人处事。

建议二：让孩子明白自由是相对的

妈妈要给孩子自由，但是这个自由是相对的。妈妈要让孩子明白这个道理，不是说孩子想做什么就做什么，妈妈完全听之任之，不管不问，这样不是爱孩子，反而会害了孩子。

孩子的自由，必须在妈妈安全的保证范围内，在不会给别人造成麻烦和困扰的情况下，在不违背道德和良知的条件下，孩子可以自由地做自己喜欢的事，选择自己喜欢的东西。

如果不能保证上面的条件，妈妈就应该站出来，告诉孩子什么是对的，什么是错的，什么允许做，什么是不允许的。

建议三：让自由同年龄一起成长

孩子不同的成长阶段，需要不同程度的自由，妈妈要能跟随孩子的成长，给他与之相伴的充分理解和自由，不要强制性要求孩子按原来的行为办事。

比如10岁孩子和15孩子的自由度就不同。10岁的孩子要按时回家，吃饭睡觉；15岁的孩子可能会晚睡，可能会自己逛街购物，可能不再喜欢妈妈购买的衣物。

曾坊跟妈妈到百货商场买衣服，妈妈总是在几家样式比较古板的服装店看，曾坊却跑到了韩版时装店里。

最后在孩子的坚持下，妈妈给他买了件韩版风格的上衣。放学回来，他就对妈妈说："同学都说我的衣服酷，有品位。"

看到孩子高兴的样子，妈妈心想自己跟不上潮流了。

在孩子成长的过程中，妈妈要随着孩子的变化而变化，不要固守孩子小时候什么都是妈妈做主的想法。

孩子长大了，有了自己的想法和选择，妈妈应该尊重孩子，让孩子跟着时代进步，让自由度随着孩子的年龄成长。

建议四：要孩子学会对自己负责

无论孩子年龄大小，妈妈都要教他对自己所做的事负责。

要尽早让孩子明白这个道理，孩子在明白这个道理后，就会知道自己的自由限度在哪里，知道做事情的后果是要自己承担的，从而考虑得更全面，做事情更有分寸。

包办孩子的一切，是对孩子最大的伤害

家教现场

郑冲的爸爸工作收入很高，为了更好地照顾孩子，妈妈有了郑冲之后，就辞掉了工作，在家做专职妈妈。

为了尽好这份责任，妈妈对郑冲照顾得无微不至，什么事都替他想得很周到，大到学校选择、请辅导老师，小到穿衣戴帽、洗脸刷牙，妈妈把能想到的都想到了，能做到的都做到了。

可是让妈妈失望的是，郑冲不但不领情，还整天对妈妈随便呵斥，指手画脚。郑冲上小学了，在学校鞋带开了，自己也不会系，系了总是又散开。

上课铃声响起，大家都往教室跑，同学踩到他鞋带，他一下子摔到了，气得直哭。他回到家就对妈妈发火，怨恨妈妈给他买了带鞋带的鞋子。

教育启悟

现代孩子都是含着金汤匙出生的，妈妈从小就对孩子百般爱护、千般宠爱，唯恐孩子受到一点委屈。

有的妈妈如郑冲的妈妈，为了照顾他，竟然连班也不上了，可见在孩子身上花费多大精力，投入多少心血。

可是并不是妈妈替孩子包办一切，孩子就能生活得更快乐，成长得更优秀。事实恰恰相反，妈妈过分包办孩子事情，会让孩子发育迟缓，无论在心理上、智力上还是行为能力上，很难跟上同龄儿童，显得比别人慢半拍，严重的还会使孩子养成不良品行。

妈妈对孩子殷切的爱都可以理解，但是方法要对头，如果方法不对，对孩子投入的爱越多，越可能使孩子变得更加不幸。如案例中的郑冲，已经上小学了，连鞋带开了还不会系，说明他动手能力太差，回到家又把怨气撒到妈妈身上，说明他没有一点对自己负责的心理。

这并不能怪孩子，这是妈妈不当的宠爱、事事包办造成的。妈妈包办一切，让孩子没有机会自己做事情，生活能力、自理能力很差。如果继续这样下去，孩子很难在同龄人中正常生活，当别人在奔跑的时候，他却最先掉队。

孩子来到这个世界上不是来享受的，他是来体验的。如果妈妈事事包办，不仅让孩子享受不到生活的乐趣，而且会给孩子带来痛苦。

随着孩子的长大，孩子要学习很多东西，都是必须他自己去完成，妈妈给予不了的。如果妈妈一直抱着孩子走路，孩子永远学不会使用自己的双腿。

专家给妈妈的建议

建议一：把孩子看成独立个体的人

孩子不是妈妈的玩偶和附属物，而是一个小小的但是独立的生命体。妈妈要让孩子做自己的主人，明确孩子什么时候该学什么事，什么时候能做什么事，让孩子自己去体验。

妈妈不能限制孩子的自由，不要错误地以为爱孩子、对孩子好的表现，就是生活上的事事照料，别累着孩子，别让孩子发生意外伤害，别耽误孩子的学习等。

把孩子包裹起来，这样和养一个宠物没有什么区别。孩子的人格完善，从妈妈开始做起。妈妈要让孩子知道，自己是个有能力、有尊严的人。

建议二：培养事事亲为的孩子

孩子一方面有冒险探索精神，另一方面又有一定的依赖性。妈妈要尽量减少孩子的依赖心理，让孩子学会做事，不能懒惰。孩子能做的事，妈妈就不要帮着他做，要培养一个勤快的孩子。

任飞在1岁的时候，就总是抢妈妈的筷子，妈妈怕他戳伤自己，就给他勺子。2岁的时候，小飞就能把勺子使用得很好了，这时妈妈再给他筷子，很快小飞吃饭就不用妈妈喂，会自己吃了。

3岁的时候，小飞就学会了自己穿衣服。当他偷懒想让妈妈穿的时候，妈妈就不管他，去做自己的事情。小飞想起床，只有自己穿衣服。

现在小飞4岁了，他学会了自己收拾书包、换鞋，然后和妈妈一起去幼儿园。

孩子能做自己做事情的时候，妈妈就不要太操心，怕孩子做不好，帮着他做。这样孩子就会什么事都让妈妈帮忙，甚至代替。

各位妈妈应该向小飞的妈妈学习，让孩子自己做自己的事情，尽早成为一个独立的孩子。

建议三：鼓励孩子自己解决问题

生活中有些事情，不是妈妈包办就能替孩子办好的，一些事情必须孩子自己处理。很多经历妈妈无法体会也无从帮助孩子，只能给孩子指引方法，让孩子自己去尝试解决。

汪越和朋友小涵闹矛盾，冷战了好几天。他不想找他，向他低头认错，但是又不想失去这个朋友。于是汪越向妈妈求助，希望妈妈打电话和小涵聊聊。

妈妈回绝了汪越的要求，对他说："这是你自己的事，要自己去解决。向别人说声对不起，没有那么困难。"汪越没办法，只好找个机会向小涵道歉。现在他们的关系比以前更好了。

妈妈不能包办代替的事情，要给孩子指明正确的方向，让孩子勇敢地自己去做，妈妈永远做孩子坚强的后盾。

不该妈妈解决的，妈妈就不要强替孩子出头，这样会把事情搞得更糟。所以，妈妈一定要做个不该出手时不出手的妈妈。

孩子讨厌唠叨，妈妈越唠叨，孩子越叛逆

家教现场

周小伟坐在地上玩玩具，把玩具摊了一地。妈妈对他说："你收拾一下，我们一会出去，到超市买点菜去。"小伟答应了一声，继续玩。妈妈又说："让你收拾，你听到没有？"小伟慢腾腾地开始收拾。

妈妈又说："你快点啊，这么磨蹭。"小伟听妈妈在耳边不停地唠叨，心里很烦，把玩具一推，对妈妈说："我不收拾了，也不去了，你自己去吧。"

妈妈看小伟还真来脾气了，就在那边又说起来："你这什么态度，让你收拾快点也错了，做事情就应该利索点……"

听着妈妈的喋喋不休，小伟实在忍不住了，跑到自己房间，把门关了起来。

教育启悟

随着孩子的逐渐长大，孩子的自我意识不断增强，别人对孩子的要求和建议，孩子会自己思考，并且决定是遵循还是按自己的想法去做。

妈妈对孩子的要求要讲究方法，不能直接命令，也不能反复强调。

强硬地命令，会让孩子感觉是被强迫，而没有人喜欢被强迫命令的感觉；反复强调，则就会让孩子感觉到啰唆、厌烦。

在教育孩子问题上，妈妈要特别注意自己是否已经成为一个武断的独裁者，还是个啰唆的管家婆。

妈妈对孩子说话的方式很重要，针对具体问题，采取不同的方法引导。有时候要直接告诉孩子可以或者不可以，应该如何，道理是什么。有时候只需要旁敲侧击地让孩子明白。

国外一项对儿童的心理研究表明：一种对人刺激过多、过强和作用时间过久而引起心理极不耐烦而反抗的现象，被称为“超限效应”。

这种效应通常就表现在别人对自己行为的指导上。在家庭教育中，表现为当孩子不听话，不按照妈妈要求做事时，妈妈反反复复地对孩子提出同样的要求，从而使孩子从不安到不耐烦，再到反感、厌恶，就会产生“我偏不这样做”的反抗心理和行为。

用通俗的话说，就是妈妈的唠叨令孩子越来越无法忍受，从而更加不会按妈妈的要求去做，而走上了要求的反面。妈妈对孩子说话做事要有分寸，不能太过，不然则可能起到相反的效果。

专家给妈妈的建议

建议一：妈妈向爸爸学习，说话不多但在点子上

在家庭里爸爸的话往往不多，对孩子说话一般同样的话只说一遍，但是实际效果可能比妈妈说十遍还要好。

话不在多少，而要看实际效果。把问题明确清晰地向孩子表达一次，孩子就会明白该怎样做，不能怎样做。

于凡回到家把鞋一脱，横七竖八地放在了门旁边。妈妈在那边又开始了整日的必修课：“你不能把鞋子放好吗，整天还要人帮你收拾。”小凡理也没理，就进了自己房间。

妈妈实在拿孩子没办法，每次说他都不听。一天，小凡刚回家，爸爸突然对他说：“长这么大了，不要给别人添麻烦，生活中你要注意细节，不能整天让妈妈唠叨了。”

小凡明白了爸爸的意思，把鞋子放整齐了才走进房间。妈妈只能在心里感叹：还是爸爸的话有分量啊。

其实不是爸爸的话比妈妈的话有分量，而是妈妈不知道怎么样说才对孩子最有效。整天的唠叨，只会让孩子形成惯性，养成疲沓的性格，不再把妈妈的话放在心上了。

所以，妈妈要学爸爸，说话少，但是要说到点子上。

建议二：说话要以理服人，不是以多压人

妈妈说话要讲求“理”，不要直接告诉孩子去做什么事，而是要告诉孩子为什么这样做，这样做的结果、好处等。孩子明白了道理，自然会去这样做。

如果妈妈企图用多说达到让孩子明白的目的，只会让孩子厌烦，觉得妈妈啰唆，对待妈妈的话反而不当回事。

孩子大多是明理的，而且由于孩子固有、倔强的个性，孩子不喜欢听琐碎的唠叨。简单明了告诉孩子，应该怎么样、为什么，孩子就会知道对错。

建议三：妈妈要有耐性

对孩子说话的时候，妈妈要有耐性，不要看孩子没有马上按要求去做，就不耐烦，就认为是孩子不听话，马上再说几遍同样的话，这样就会变成一个爱唠叨的妈妈。

孩子也许本来会去做的，只是还没有回过神来，还没有开始行动。

周末，孟翔早晨还在床上，妈妈就叫他起床，说吃完饭带他去外婆家。小翔在睡梦中被吵醒，还没反应过来，妈妈又在那说了：“快点起啊，今天去外婆家，给他祝寿，会有很多人的。”

小翔摸了件衣服，还没来得及穿，妈妈又唠叨上了：“怎么还没起，你是不是不想去了？这孩子真是的。”

小翔越来越不耐烦了，拿好的衣服又扔在了一边。妈妈的唠叨声不绝于耳，他拿团卫生纸把耳朵塞住。

孩子做事可能本来就没有妈妈利索，他接收到来自妈妈的信息，可能不会立即就去完成。但这并不代表他不去做。如果妈妈没有耐性，反复地念叨，会让他不耐烦，而不再打算去做了。

偷看孩子隐私，会让孩子对妈妈更抵触

家教现场

段庆明这几天有点不对劲，穿衣服讲究起来了，还偷偷拿妈妈的定型水做发型，吃饭总是匆匆扒几口就跑开了。

妈妈感觉庆明有了自己的小秘密，担心他早恋，趁他不在的时候，妈妈偷偷进了他的房间，从枕头下找到一个小日记本。

妈妈打开日记本，看到庆明在里面写了一些东西，大意是喜欢上一个女孩，喜欢每天都看到她。

庆明回到家的时候，妈妈就明确地告诉他不准谈恋爱。看到自己的东西被动过了，庆明非常生气，大声地对妈妈说："我的事不要你管，以后不准进入我的房间。"

庆明和妈妈的冷战开始了。

教育启悟

很多妈妈有这样的烦恼，一方面期望孩子能够独立，另一方面又怕孩子管不好自己，如放了缰绳的野马，就时刻关注孩子的一举一动，包

括知道孩子的小秘密。

无论孩子年龄大小，孩子都是个独立的个体，妈妈应该尊重孩子的自由和权利。孩子可以有自己的隐私，不希望妈妈知道。孩子可能会把这个秘密和小伙伴、好朋友分享，唯独不想和妈妈分享。

妈妈不必为孩子拥有自己的秘密感到大惊小怪。孩子的内心世界不是妈妈能够明白的，孩子知道，往往自己认为很美好的事物，到了妈妈那里，就会被批得一文不值。所以，孩子宁愿去保守自己的秘密，让同龄人分享自己的秘密，也不愿让妈妈知道。

孩子小的时候，秘密也许很小，如偷偷吃了妈妈不让吃的糖，在幼儿园把小朋友弄哭了等。随着孩子的成长，孩子的秘密可能会越来越多，会关系到孩子的情感和学习，例如青春期的秘密。

妈妈关心孩子，想知道孩子的一举一动，这是可以理解的。并不是说妈妈不应该去了解孩子的秘密，但是必须讲究方法，不能采取“偷窥”的方式，这样被孩子知道了，只会让母子关系更加恶化，推动孩子走上叛逆的道路。

妈妈在对待孩子敏感的隐私问题上，一定要小心谨慎，不要因为用不当的方式爱孩子，却最后让孩子恨妈妈。要知道怎么样去了解孩子，帮助孩子，不要让孩子的秘密成为引发母子战争的导火索。

专家给妈妈的建议

建议一：允许孩子有自己的小秘密

孩子有自己的秘密，是他成长的一种表现，无论这个秘密对大人来说意味着什么，但对孩子来说却是值得保守的，是不应该让别人包括妈妈来分享的。

孩子会在自己的小秘密中自得其乐，或者会因为怕羞愧不想让别人知道，或者自己想到会偷偷地笑。

妈妈不要逼孩子说出孩子不愿意分享的秘密，因为孩子有这个自由和权利，这样才能显示孩子是一个独立的人，有着自由的意志，能够自己承担一些烦恼忧愁和喜悦。

建议二：了解困扰孩子的大秘密

对于不影响孩子身心发展的小秘密，妈妈可以视而不见，让孩子自己乐在其中忧在其中。但是对于已经影响孩子身心发展的秘密，妈妈则要尽量去了解、去知道。

当然，妈妈不是为了了解秘密而了解，而是为了帮助孩子更好地成长，不被问题困扰，不招来更大的麻烦。

看到方志豪这两天魂不守舍、忧心忡忡的样子，妈妈知道他一定遇到什么麻烦事了，她就问志豪："出什么事情了吗？"志豪说没什么。

妈妈继续说："无论多大的事，都有解决的办法，不要把问题想得太严重，毕竟我比你经验丰富，或许可以给你提一些参考办法。"

志豪嗫嗫地说："我把你给我的补课费弄丢了，怕你骂我，没敢告诉你，找好几个同学借的，不知道什么时候能还给他们。"

妈妈没有批评他，只是让他下次小心点，然后又拿出了钱给他，帮他解决了这个问题，让他不再每天想着这事，而影响了心情和学习。

有些秘密，在妈妈的询问下孩子会交代，但是有时候孩子的秘密不是轻易就告诉妈妈的，这个时候妈妈就要通过一些其他方法去发现，比如观察、打听、"诱供"等，帮孩子解决问题。

建议三：不偷窥孩子的隐私

妈妈不要偷窥孩子的隐私，有些事情孩子不希望妈妈知道，这时妈妈就不要想方设法去了解，特别不能干偷偷摸摸的事情。

要认为自己是妈妈，对孩子做一切都是理所当然的。偷翻孩子的东西，偷看孩子的日记、信件，甚至是跟踪孩子，这样的行为都是不应该的。

从法律上来说，这样做甚至是违法的。妈妈作为孩子的监护人，要对孩子的行为负责，但是只要孩子在安全的、合法的范围内，妈妈都不应该过多干涉孩子的行为，更不能偷窥孩子的隐私。

建议四：坦诚宽容地对待孩子

要想孩子对妈妈的秘密越来越少，妈妈在平时生活中就要坦诚宽容地对待孩子，做一个让孩子信任的妈妈，从而使他愿意主动把自己的秘密告诉妈妈，和妈妈一起分享。

如果妈妈总是怀疑孩子，不信任孩子，也很难获得孩子的信任，孩子就会防备妈妈，这样形成恶性循环，孩子和妈妈的关系就会越来越僵。

因此，妈妈对待孩子隐私最好的方式，就是宽容和坦诚，获得孩子的信赖，让孩子把妈妈当成最好的朋友，从而成为自己秘密分享的对象，问题咨询的顾问。

语言暴力伤害更大，妈妈要杜绝使用

家教现场

丁磊在吃饭的时候，一不小心把碗打碎了，饭撒了一地，妈妈看到了，立刻就对他吼起来："你真没用，饭碗都端不住，还指望你能干什么大事。"

小磊饭洒了本来就很难过，感到羞愧，妈妈又这样骂他，他越想越觉得自己是个很没用的孩子。

每当小磊做错事或者不能按妈妈的要求去完成一些事的时候，妈妈就会对小磊说这样的话。小磊感觉自己太笨了，永远不能让妈妈满意，因此他越来越自卑，越来越害怕。

教育启悟

"一句好话三冬暖，一句坏话三冬寒"。特别是妈妈对孩子说的话，孩子会很放在心上，用心琢磨自己哪里做错了，自己真的是如同妈妈所说的那样吗？孩子幼小的心灵，会因为妈妈的刻薄话语受到伤害，而且对孩子的影响会很久远。

妈妈希望孩子聪明伶俐，希望孩子按自己的意愿做事，把事情做好，做得很漂亮。可是有时候孩子的行为却未必能让妈妈满意。在恨铁不成钢的情况下，妈妈容易经常骂孩子，说一些刻薄的话。

妈妈迫切的心情可以理解，但是暴力语言并不能让孩子变得更懂事，做事更合妈妈的心意，反而会使孩子大脑出现异常，情绪、注意力和记忆能力因此受到影响。

刻薄粗暴的话，会让孩子产生自我怀疑，看不到自己的优点，夸大自己的不足，形成自卑心理，不能正确评价自己。再面临问题的时候，孩子就会不敢行动，担心做不好又会遭遇妈妈的冷言冷语。

孩子有自己的自尊和人格，妈妈粗暴对待孩子，就会打击孩子的自尊心，还使孩子形成粗暴的性格，把妈妈对他的恶言恶语用到周围人身上，作为泄愤的一种方式，从而不能平和的和周围人相处。

因此，妈妈一定要注意自己的语言，不要对孩子造成伤害。有些伤害是看不到的，但是却比直接打孩子一巴掌更让他痛苦、难受。妈妈一定要做个理解孩子的妈妈。

专家给妈妈的建议

建议一：生气时先冷静一下再和孩子说话

妈妈在激动、气愤的情况下，容易对自己的言行失去控制。当孩子做错事的时候，妈妈首先要让自己冷静下来，然后再对孩子的行为做出评价和指导。不要在气头上对孩子发火，恶言往往是在无意识的时候喷发的。

尹俊的妈妈是个急性子，一看到尹俊做得不好，她就会很来气，对尹俊批评指责，说他笨、没用。每当这时，尹俊就很害怕，越害怕越容易把事情做得更糟。

后来在朋友的分析下，妈妈也意识到是自己太性急对教育孩子不好。每当要发火的时候，妈妈就先让自己冷静几分钟，这样自己的气也消了，也给了尹俊把事情做好的时间。

多次以后，妈妈发现，尹俊还是满聪明的，不是那么“笨”了。

每当看到孩子没有按要求去做事情，妈妈不要立刻就对孩子发火，用粗暴的语言对待孩子，而是先让自己冷静一下，想想应该怎么办，而不是吵嚷，让自己气愤发泄出来，让孩子去承担更大压力。

建议二：多给孩子一次机会

当孩子做错事时，妈妈如果一味粗暴地辱骂孩子，这样对孩子做事没有任何帮助，反而会让孩子畏缩不前，怀疑自己的能力，担心接受妈妈更多的责骂。

妈妈应该心平气和地和孩子好好谈谈，多给孩子一个机会，孩子就会努力把事情做得更好。

小海学习自己穿衣服，可是总是穿不好，这次又把毛衣穿反了。妈妈没有着急，而是对他说：“你再试一次，一定能穿正确的。”

小海把毛衣脱了，在妈妈的指导下，又穿了一次，这次正确了。他拍着手对妈妈说：“你看我真棒，是吗？”妈妈点点头：“你真棒。”

鼓励和支持，永远比责骂更能给人动力，妈妈的一句：“你能行，再试试”永远比“你真笨，没用”更能让孩子充满信心，有勇气去尝试，最终获取成功，证明自己真的很行。

建议三：呵护孩子幼小的心灵

孩子的心灵是幼稚而脆弱的，不能接受来自外界太多的摧残，不然很容易夭折或者畸形。而来自最亲最爱人的否定和责骂，更会让孩子感受到莫大的痛苦。妈妈一定要理解这一点，不要给孩子不能承受的心灵打击。

妈妈要懂得呵护这颗幼小的心灵，让它在温暖的关爱下健康成长。鼓励、支持、夸赞、欣赏的语言，会像阳光一样，让孩子感觉温暖，成长更快。

粗暴的语言只会让孩子遭遇凄风冷雨，让孩子在寒风中瑟瑟发抖，感受不到来自妈妈的关爱。

建议四：微笑着对孩子说话

妈妈要尽量微笑着对孩子说话。微笑着说出的话永远都是温暖的，微笑的嘴里吐不出粗恶的语言。妈妈在面对孩子的时候，要总是保持微笑的面容，这是对孩子爱的涌现。

即使孩子不听话、做错事、调皮淘气的时候，妈妈只要微笑着对孩子说“不可以”，也比寒着脸谩骂更能让孩子接受，并且是心悦诚服地接受。给孩子足够的耐心，孩子就会给妈妈更多的回报。

分数不是孩子的命根，别做追考分的妈妈

家教现场

李炎回到家，把试卷往桌子上一放，对妈妈说："妈妈你打我吧，这次考试我考砸了，数学只考了 78 分。"

妈妈听了，没说什么，她拿起考卷看了看，然后对李炎说："没关系，考分不是最终学习目的，关键是发现问题，并能把这些问题解决掉。"

李炎从妈妈手里拿过试卷，对妈妈说："我去再算算，看这些问题都是怎么错的。"

李炎回到自己的房间，对着自己做错的题目又做了一遍，然后对妈妈说："这道题是马虎做错的，这道题是当时想不出解法，现在想到了，这道题……"

妈妈对李炎的态度很满意，认为只有这样，才是真正起到考试的目的。

教育启悟

考试只是教学效果的一种检测手段，老师用来检测孩子对知识的掌握程度，从而加强教学，明确方向。孩子要用考试来寻找学习的薄弱点，

有针对性地巩固提高，而不是仅仅为得到一个或高或低的分数。

妈妈要明白这个道理，虽然分数高代表孩子学得好，也是和别的孩子比较的标准，但是这并不是考试的目的。

而且考分也并不能代表孩子的真实能力，考试也有很多偶然因素，会使分数和学习效果不成比例；存在能力上的片面，因为有些能力是不能用考试来测定的。

因此，妈妈不要总是追求孩子考高分，把分数作为评价孩子的唯一标准。太过分追求分数，会让孩子很累，不当的比较也会让孩子感觉厌烦，丧失信心。

妈妈不要把分数看得太重，孩子能获得高分数应该为孩子高兴，进一步全面提高孩子的能力；孩子没有考取高分，妈妈也不要去否定孩子、打击孩子。孩子可能在其他方面拥有高分孩子不具备的能力，妈妈要尽量全面了解孩子，客观评价孩子。

当前要求素质教育，素质教育不是唯分是求，素质教育最重要的是培养孩子能力的教育。孩子的组织能力、创新能力、演说能力、其他才艺等方面的能力，都是无法用分数测量的。但却是孩子以后创造成功人生不可缺少的能力，这比分数更宝贵。

专家给妈妈的建议

建议一：正确认识考试的目的

妈妈要认清考试的目的，不能错误地把考分等同于孩子学习知识的多少。

考试只是到一定阶段，用来检测孩子掌握知识程度的一个标尺，不能认为考试是对之前学习的终结，而是找出知识薄弱点巩固加强，进一步提高。

方升考分的高低，决定了妈妈对他的态度。分数高的时候，方升在妈妈眼里就是个很聪明听话的好孩子；分数低的时候，妈妈就会认为他学习不认真，整天只知道玩，不是好孩子。

妈妈的这种态度变化，使方升很郁闷。他觉得妈妈根本不了解自己，妈妈关心的只是分数，高分就是好孩子，低分就是坏孩子。方升对妈妈很失望，学习的时候也没有了激情。

只有明白了考试的目的，妈妈才能正确对待孩子的考分。不要看孩子考多少分，而是满意于孩子怎样对待自己的考分和考卷。

建议二：不要逼孩子考高分

妈妈不要逼迫孩子一定要考到多少分，用考多少分作为奖惩孩子的标准，这样在某种程度上会刺激孩子为考高分努力学习。

另一方面，也可能导致孩子为达到一定的分数而不择手段。只要让孩子考试时尽量认真细致，把应该得到的分都得到就好，不要给孩子压力。

肖龙一的妈妈希望他每门都考到 95 分以上，因为她同事的孩子每次考试都是在这个线以上，于是妈妈对龙一说："如果这次期末考试你能达到 95 分以上，就给你买个最新款滑板。"

龙一对那款滑板已经关注很久了，为了得到这个滑板，他必须去考高分，可是凭他的成绩，每门能考 85 分就不错了。

龙一的同桌成绩非常好，他就让同桌考试时"帮助"他一下，之后会和他一起玩滑板。结果他分数果然达到了妈妈的要求，如愿以偿地得到了滑板。

如果分数能让妈妈发疯，同样能让孩子发疯。孩子会为了获得一个妈妈满意的分数，而做出一些本不应该的事情。这可以说是孩子的错，不过很大程度上是妈妈逼孩子走的这一步。

建议三：不能由考分评价孩子的能力

孩子的能力是各方面的，考试只是其中的一个方面，妈妈不要把考试分数当作评价孩子能力的唯一标准。

分数只是检测孩子学习知识，掌握书本内容的一个方面。有些孩子可能书本知识平平，但是在其他方面却表现得很优秀，一样是值得妈妈肯定的。

因此，妈妈评价孩子时，要全面综合评价，比如孩子的品德、习惯、特长、技能、人际交往能力、组织能力、创新能力、知识面视野面的扩展能力、独立能力等，都是能力的不同侧面。

妈妈给孩子一个合理的评价，让孩子在各方面更好地发展自己，会帮助孩子在人生道理上取得更多成功。

建议四：不要拿孩子的考分和别人比较

有些妈妈总是喜欢比较，特别是在孩子的学习成绩上，总爱拿孩子的分数和别的孩子比较，孩子获得的成绩比别的孩子高，妈妈会感到骄傲；如果没有别的孩子考得好，就会感到不满，而把怨愤发泄到孩子身上，让孩子感到很委屈、很冤枉。

妈妈这种比较的心理，会让孩子感到压力。无论成绩好坏，都感觉不到自由和快乐，好的怕跌下来，坏的怕听妈妈的抱怨。

在这样的心境下，孩子怎么能安心学习呢？因此，妈妈不要总是拿孩子的分数去和别人比较，只要孩子做好自己就行了。

要给孩子自由，但绝不是让孩子放任自流

家教现场

邵子轩周末打算和同学一起去露营，周六一大早，他就背了一个大包出门了。到晚上十点钟的时候，妈妈给他打电话，才知道他和同学露营去了，晚上不回来。妈妈也没有说什么，就挂了电话。

等到第二天子轩回到家，妈妈对他说：“你去露营，我不会拦着你，但是希望你以后无论做什么事，要先给妈妈说一声，省得妈妈担心。你有自由，妈妈也有知情权啊。”

子轩知道忘记告诉妈妈，让她担心了，感到很抱歉，就答应妈妈以后不会这样了，并感谢妈妈给他自由，他也会让妈妈放心的。

教育启悟

孩子自我约束力比较差，有时候禁不住诱惑，会让自己犯下一些错误。如果妈妈不管不问，给孩子绝对的自由，他想干什么就干什么，这不是为孩子好，而是害了孩子。妈妈给孩子自由，但是并不是让他放任自流。

孩子天生有股野性，不希望受到来自家庭的牵绊，他渴望自由。妈

妈应该理解孩子这种心理，但是也要知道，孩子由于年龄关系，对世道认识并不深，对自我的管束力并不强，给他太多自由，他可能会毁了自己。

因此，妈妈要在孩子手腕上绑一根线，当孩子靠近危险区的时候，能够把他拽回来。当然这根线不能过短、过紧，这样孩子就会想挣脱，让自己跑到妈妈看不见的地方。这根线要长短适宜，松紧适度。

很多妈妈可能抱怨孩子难管，不听话、叛逆，管得过严，孩子会嫌妈妈啰唆，不给他一点自由；管得过松又容易出问题。

怎么样能做到恰到好处、适可而止，这是妈妈所要寻找的答案。答案没有固定的，要根据不同的孩子区别对待。

每个孩子的个性特点不同，妈妈不能盲目套用别人成功的教子模式，这样很容易失败。妈妈要从自己孩子的个性特点出发，摸索出适合孩子的管教方式。

妈妈要让孩子有一定的自由，但是又在妈妈可以控制的范围内，防止孩子犯下不可挽回的错误。

专家给妈妈的建议

建议一：妈妈要始终关注孩子

自由都是有限度的，妈妈不能把孩子看得太紧，不给他任何自己的空间，这样不利于孩子的独立成长，容易让孩子产生逆反心理。

但同时，妈妈给孩子自由又不能太过，因为孩子心性不定，很容易管不住自己，妈妈要始终关注孩子，不要让孩子变得无法无天。

在孩子的成长过程中，外界对他的诱惑很多，妈妈除了在平时注意培养孩子良好品行和自制能力外，也不能放松对孩子的监控，防止孩子偏离正常轨道。

妈妈要及时发现孩子的不良行为，及时纠正，不要让孩子的行为形成不良习惯，犯了大的过错后才想去管束，那时就晚了。

建议二：让孩子遵守一定的守则

妈妈在给孩子自由的同时，也要给孩子一定的守则。孩子的自由是在这个范围内的自由，如果超越了妈妈限定的框，妈妈就会收回孩子的自由。

妈妈必须明确地让孩子认识到这一点，并且牢牢地记在心里，才能让孩子对自己的行为有个规范和依据。

杨林总是抱怨妈妈管他太多了，如规定放学必须及时回家，必须先做作业才能看电视和玩，来了客人必须出来打招呼，在家的时候不能随便跑上街等。

对妈妈提出的这些规定杨林很反感，于是，他和妈妈谈判，希望妈妈给他更多的自由。

妈妈也是很开通的人，答应给杨林自由活动和安排学习时间的自由，但是有几个条件：不能拖拉作业，不能结识不三不四的人，不能到外面上网，出门要告诉家人，保证自己的安全，不做违反道德和法律的事等。

杨林感觉这个很简单，就答应了妈妈的条件。现在他生活得很自由，妈妈也很放心。

妈妈给孩子划定一定的范围，在这个范围内能够自由活动，这样既让孩子得到了一定的自由的满足，同时妈妈又有一个圈可以管束孩子，一举两得。

建议三：及时把孩子引到正常轨道

随着孩子的长大，孩子的自由也就相对增加，但是并不是说孩子不在眼皮底下了，妈妈就失去了对孩子的控制和管教。

无论孩子是大是小，妈妈对孩子的关注都是终其一生的。发现孩子犯了错误，脱离了正常的人生轨道，妈妈都要及时把孩子引到正常的道路上来。孩子出了事，妈妈也难辞其咎。

覃波从上高中开始住校，每半个月回家一次。又到了覃波回家的日子，妈妈早早去市场买了菜，打算给他做顿好吃的。

可是到了中午吃饭的时候，覃波还没回来。妈妈很焦急，打电话过去，覃波说和几个朋友在外面吃了，晚上再回家。

妈妈感到很奇怪，覃波一回到家，妈妈就问他是什么样的朋友，覃波说：“是同学的朋友，他们听说我爸爸在公安机关工作，觉得很酷，所以请我吃饭，想和我做朋友。”

妈妈说：“这样的人你少交往，他们和你交往都是有目的的。”然后，妈妈仔细地给覃波分析了其中的利害关系，覃波觉得妈妈分析得有理，就不再理会那些人了。

在孩子成长的道路上，每走一步都可能暗藏着危险，妈妈应该有一双锐利的眼睛，去发现它，然后引导孩子越过危险区，走到安全的地带。

第四章

妈妈是孩子的保健员，保证孩子身体健康

饮食非小事，科学饮食保证孩子更健康

家教现场

李飞的爸爸妈妈都是上班一族，平时上班都很忙。于是，妈妈总是买一些快餐食品或者方便食品来让李飞充当正餐。妈妈认为这样省事，而且李飞每次吃得也很开心。

后来，李飞在一次体育课上晕倒了，学校将他送进了当地的医院。在那次身体检查中，医生发现李飞严重营养不良，并有严重的胃功能紊乱症状。

妈妈来到医院，看到自己面黄肌瘦的孩子，这才真正意识到饮食不科学给孩子带来的危害。

教育启悟

科学饮食，不单单讲究一个概念，更需要注意养成这样一个习惯。一个能够按照科学方法进食的孩子，往往能摄取到满足自身成长的各个阶段的营养成分，从而使身体变得更加健康，从而更好地适应学习和生活。

现代生活节奏加快，于是更多的妈妈为了省事、方便起见，就忽略了孩子的科学饮食。孩子往往认为吃得好吃得饱就对成长有帮助，但是事情的发展却不能按照预想的来。

近年来，由于不科学的饮食给孩子带来危害的例子数不胜数，这反映出现代妈妈在培养孩子科学饮食习惯上存在的不足。

“衣、食、住、行”是人们生活的基本要求，再加上社会中都会认为孩子的钱好赚，于是不断开发一些新事物来满足孩子的好奇心，这也着重体现在开发孩子的食品上。

这样使得孩子有了更多的饮食选择，而妈妈对孩子几乎有求必应。于是，妈妈就很难按照自己的意愿来对孩子进行饮食管理了。

孩子的不良饮食习惯包括以下几种情况：一是对油炸食品感兴趣；二是对包装好看的食品感兴趣；三是喜欢甜食；四是身边总有快餐食品；再就是都有不按时饮食的习惯。

要知道，孩子的饮食直接决定着孩子的健康，如果孩子不科学的饮食习惯得不到及时的纠正，就很有可能引发各种疾病，这样势必也就影响孩子的学业与成长。

科学饮食，讲究的是按照身体的发育以及成长需要，科学合理地搭配饮食营养，配合正确的饮食时间。这听起来麻烦，但却是不难做到的。

因为妈妈只要按照孩子的生长要求，配以合理的饮食营养，加上正确的饮食时间，就能培养起孩子的科学饮食习惯。

科学饮食更应注意到饮食应该随着季节的变化而有所调整。四季更替，气候不同，人的身体也会出现不同的变化。

春季天气干燥多风，这时就需要补充润肠充肝之类食物；夏季炎热湿闷，就要补充健脾、祛暑化湿类食物；秋季天干物燥，就要补充润燥安神之类食物；而冬季寒气逼人，则要适当补充滋补之类热补的食物。

孩子的身体状况是妈妈最关心的，孩子有一个好的身体才能更好地学习与生活。但是好的身体更需要科学饮食，因此说，培养孩子科学饮食的习惯就成了妈妈关爱孩子的重中之重。

专家给妈妈的建议

建议一：为孩子量身打造科学的食谱

制定一个符合孩子实际情况的科学食谱可以保证孩子身体所需营养的全面均衡，使孩子养成科学饮食的好习惯。

琳琳今年10岁了，非常挑食，而且喜欢吃各种各样的零食。因此，琳琳个子不高而且身体偏瘦，妈妈非常担心。

为了改变琳琳的身体情况，妈妈决定为她打造一个科学的食谱，努力让她克制挑食、爱吃零食的习惯。

于是，妈妈根据琳琳的饮食特点和营养学知识制定了一张科学的食谱，每天早起为琳琳做好一份营养丰富而且味道也不错的早餐。早餐经常变化，让琳琳更有饮食兴趣。

准备晚餐时，妈妈也是按照食谱的内容，用心做各种美食，注意各种食物营养的搭配，而且尽量迎合琳琳的胃口。

在妈妈的用心准备下，琳琳挑食、爱吃零食的毛病有了改善。最重要的是，她的身体正常地发育了起来。

其实孩子挑食、爱吃零食毛病的养成也不是没有原因的。妈妈做的饭菜不符合孩子的饮食兴趣，孩子当然不愿意吃了。

因此，妈妈应该根据孩子的口味，选择一些营养丰富的食物，为孩子打造一张科学、实用的食谱。

建议二：平衡饮食，做到“四少一多”

国外营养学家在研究儿童平衡膳食过程中，发现盐、糖、酱油、味精、醋等调味品应做到“四少一多”，即少糖、少盐、少酱油、少味精、多吃醋。这对孩子的膳食平衡极为有益。

小明已经读六年级了，可是却没有一口健康的牙齿。因此平时除了回答老师的问题，几乎都不敢开口跟同学说话。但这都是他自己的过错，因为他老是瞒着妈妈吃甜食。

小明从小特别嗜好甜食，于是妈妈就总是给他讲多吃甜食带来的危害，比如增胖、掉牙、老了易患糖尿病等。

但是小明不听，常常背着父母买零食，并且总是以巧克力一类的甜食居多。因此没过几年，刚换了新牙的一口小白牙，患了严重龋齿，最后不得不拔去。

现在，小明仅剩的几颗牙齿也是黑黑的了。

少糖 ，这是因为经常吃糖的孩子容易患龋齿。

少盐，这是因为儿童的肾脏发育还不完善，不能及时地排除滞留在体内多余的钠。因此孩子吃得过咸，可能会给肾病和高血压埋下祸根。

少酱油，这是因为酱油经发酵制成，含有多种微生物，多吃易患肠炎、腹泻等。

少味精，味精添加过多，会影响儿童的食欲，导致消化道功能紊乱。

多吃醋，这是因为醋含有多种营养素，具有帮助消化、增强饮食、促进吸收和杀菌防病等功能，有利于儿童新陈代谢和调节体内酸碱平衡。

建议三：让孩子远离不健康的食品

随着生活节奏的加快，越来越多的妈妈为了简单省事，就常常为孩子选择一些快餐或者方便食品让孩子充当主食，这是不行的。

蓝强在班里的成绩总是很好，同学都很羡慕他。但是蓝强却把成绩归功于妈妈，因为有了妈妈的关心，才能使得他有一个健康的身体，从而保证他能更好地进行学习。

蓝强的妈妈经营着一家餐馆，懂得营养对于孩子成长的重要性。所以妈妈就针对蓝强的身体发育情况制定了一个系统的饮食计划，其中第一条就是让他远离不健康的食品。

这其中包括：油炸食品、膨化食品、过甜食品等。因为这些食品在制作的过程中，大部分营养成分都流失了。食用这种食品不仅不利于孩子的成长，还有可能对孩子的身体造成危害。

虽然快餐在短期内不会对孩子的身体产生大的影响，但是长期食用却制约着孩子的健康发展。因此为了孩子的科学饮食，妈妈就要让孩子远离不健康的食品。尽管做到这一点还很难，但是必须得做。

建议四：纠正孩子偏食的毛病

偏食是孩子科学饮食的大敌，因此，妈妈一定要努力帮助孩子纠正偏食的习惯。

李慧今年13岁，非常偏食。她一米五的个子，体重却已经达到60千克。这都是因为她只吃肉类、蛋禽类等高脂肪的食物造成的。

李慧特别讨厌吃蔬菜，每顿饭都要求有肉。如果没有肉，她就不吃饭，然后拿着零花钱到商店里去买鸡爪、鸡腿等熟食。

为了纠正孩子偏食的习惯，妈妈首先对她讲了偏食的害处："你知道自己为什么这么胖吗？"李慧点点头，说："我知道，但是我就是爱吃肉嘛，我也控制不了自己。"

"难道听到同学们叫你胖子，你不觉得别扭吗？如果你有毅力，一定可以控制自己想吃肉的欲望的。从今天开始，妈妈也不限制你吃肉，但是每次你都要吃一些蔬菜，知道吗？"

李慧点了点头。

妈妈可以先晓之以理，告诉孩子偏食会导致孩子的身体发育不健全，使得孩子身体所需的营养得不到全面的供应。

另外，妈妈还要鼓励孩子去吃那些不愿意吃的菜类，在行动上纠正孩子偏食的坏习惯。

建议五：注意给孩子补充微量元素

正豪今年11岁了，但是个子却依旧是班里最矮的。他的爸爸身高一米八二，妈妈身高也有一米六五。按理说，他的身高应该不能成为班里最矮的。

一年前，妈妈领着正豪去医院检查了一下，才知道原来正豪体内缺钙。于是，妈妈便在药店专门给他买了一些钙片，按照医生的嘱咐定时给正豪吃。

吃了一年钙片后，正豪不仅身体的高度上有了一些起色，而且他肢体的力量得到了明显的提高。他不再是那个力气小、个子矮的男孩了。

孩子正处于生长发育的关键时期，如果不能保证孩子充分、全面的营养，很容易导致孩子身体发育不健全。

因此，妈妈要及时觉察孩子的身体发育情况，有针对性地给孩子补充一些微量元素，以保证孩子身体的健康发育。

妈妈制定并实行时间表，帮助孩子规律作息

家教现场

王学文是个贪玩的孩子,妈妈便帮助他订下了一个她认为“十全十美”的作息时间表：早晨六点十分起床，洗涮完毕后去学校上学；下午放学回家后，先补一小时英语，再看妈妈替他预录的教育节目；随后有半小时的自由活动时间；晚饭后可以休息一会儿或到附近公园散步；之后回家再温习功课；十一点钟时，洗漱完上床睡觉。

妈妈满以为有了这样的作息时间表，肯定对学文有很大的帮助。谁知实行了没有几天，她便很快发现学文的功课愈做愈慢，有时候他还在写作业时打瞌睡。

而每天晚上的散步也似乎令王学文疲累过度，根本不能在晚上集中精神学习了。

教育启悟

良好生活习惯的养成，往往就从每天的作息开始。按时作息的良好习惯，不仅可以使孩子身体变得健康，而且还能使孩子能够有充分的精

力去积极主动地学习。

在现实生活中，大多数妈妈都能够注意孩子规律睡眠习惯的培养，但不可忽视的是，也确实有不少孩子由于没有按规律作息，甚至养成了熬夜的坏习惯。孩子的这些坏习惯是由多方面原因造成的。

有些孩子因学校布置的家庭作业多，妈妈又给孩子过多的要求，致使孩子熬夜；有些妈妈每天晚上看电视，孩子受其影响也加入到看电视的行列，导致入睡时间过晚；有些孩子则是妈妈习惯睡前检查孩子一天所学习的功课，容易造成孩子大脑兴奋，不能按时入睡。

这些使孩子熬夜的原因，都是不符合规律作息要求的，因此都是不科学的，对孩子的健康和成长都极为有害。

美国顶级的商学院——哈佛商学院一位教授曾对该商学院的毕业生进行了多年的跟踪调查。这些毕业生在学校的表现均极为优秀，但毕业之后人生轨迹各不相同，有的成为大企业的总裁、著名的政治家，有的却极为平凡，只是一名普通的职员。

同一个学校出来的学生，为什么会出现如此不同的结局呢？通过仔细的研究和比较，研究者发现：那些后来在职业生涯获得了辉煌发展的人，无不在学生时代就对自己今后的人生有明确的规划，而那些表现平平的人通常没有这种规划。

由此可知，帮助孩子制订一个符合孩子的科学而规律的作息计划，并鼓励孩子按计划实施，这能够对孩子养成规律作息习惯起到很好的促进作用。

“日出而作，日落而息。”这是长期以来人类适应环境的结果。

如果没有使孩子养成规律作息的习惯，孩子就得不到满足正常生长需求的有利因素，不仅会严重损伤到孩子的身体健康，也会严重影响到孩子的学习成绩，对孩子的成长极为不利。

为了孩子的健康成长着想，妈妈应该参考孩子的身体成长阶段，参考学校的课程计划，帮助孩子制定一个科学的规律作息时间。

这样，孩子才能在妈妈的爱心之下，拥有一个充足的睡眠，才能精神十足地投入学习与生活中去。

专家给妈妈的建议

建议一：帮孩子制定合理的作息时间表

制订符合自身需要的计划，对孩子的成长有引领作用。妈妈应懂得一个能够制定明确规划的孩子，就能做到在计划的感召下，努力实现自己的计划。

在课上，吴利民总是能够聚精会神地听讲，并且总是按时完成老师布置的作业，这让班主任感到由衷的欣慰。于是在一次周会上，他就让吴利民上前去给同学介绍一下怎样提高学习效率的。

只见吴利民走向讲台，用充满自信的口吻说道："我之所以能够有如此高的学习效率，就是因为在妈妈的帮助下，制定了一个适合于我的作息时间表。我按照这个时间表来进行作息安排，于是就收到了良好的效果。

"在这里我把时间表给同学分享一下，希望能够对同学有所帮助。"同学听到吴利民的介绍后，都对他报以热烈的掌声。

因此，妈妈就要帮助孩子制定一个规律的作息时间表，使孩子通过制定科学的、适合自身的计划，有效地安排自己的学习时间。

作息时间表不单单对现在的学习与生活有用，更是对孩子未来的成长有深远的影响和实际的教育意义。

建议二：让孩子把规律作息坚持下去

坚持的可贵之处正在于坚持的过程。孩子喜欢自由和无约束的生活，如果加在孩子头上的约束让孩子觉得压抑，就会把这个约束甩到一边。

为了把乐乐的学习成绩提上去，妈妈根据实际情况为她制定了一个详细而科学的作息时间表，希望对乐乐有所帮助。但是乐乐还没有完全适应，就把这个计划淘汰了。

乐乐是个聪明的孩子，但是比较调皮，不愿意受制约。刚开始也是像模像样地按照这个计划来实行。可是没有过几天，就总是觉得不自由，有"被看押"的感觉。

乐乐由此萌发了反着来的心理，把早上背诵的时间改到了晚上，把写作业的时间弄到了早上。这样，她就把还没有实行几天的科学作息时间表扔到了一边。

规律作息虽然有明显的时间限制，但是这是在限制下的自由。孩子在规定的时间内如果确实完成了该任务，孩子就能学到知识，并且练就了适应。

因此，规律作息是对孩子身心有益的东西，妈妈需要鼓励孩子把这个科学的规律作息时间表坚持下去。

妈妈应该告诉孩子不要“三天打鱼，两天晒网”，只有坚持下去，才能养成这个好习惯。

建议三：帮孩子抑制睡前刺激因素

人的大脑是个回放器。在睡前如果得到刺激，那就会有反应在大脑里翻转，以至于不能很好地休息，影响了早起，这点妈妈一定要注意。

谢涛的妈妈是个电视迷。每当下班回来吃完饭，收拾好一切后，妈妈就准时坐到了电视机旁，雷打不动地看起电视剧来。

谢涛很喜欢缠着妈妈，当妈妈在看电视的时候，他也总是坐到旁边。妈妈不关电视，他就不离开。于是谢涛总是看电视看到很晚，到第二天就不能按时起床了。

妈妈知道是自已影响了谢涛的作息时间，于是就把这个时间改成了阅读。谢涛看见妈妈都不看电视了，自己也就做完功课后洗洗睡觉。这样一来，孩子按时作息了，也就不睡懒觉了。

作为妈妈，就要知道睡前放松心情对睡眠的重要性。妈妈要为孩子设置这样的氛围很容易，比如睡前不看电视和电影，不要强迫孩子做不愿做的事，不要打骂训斥孩子等。

同时，妈妈要让孩子准备一下睡前工作，如刷牙洗脚等，这样孩子睡前能有个好心情，就能放松自己的情绪，从而很好地入睡了，养成规律作息的好习惯。

建议四：给孩子一个舒适安静的就寝环境

按时作息更注重的是孩子的自觉性，而这自觉性的培养就是要给孩子一个自由的环境，让孩子在妈妈创造的舒适环境下，慢慢地养成一种独立的生活习惯。

小玉在同学面前总是能够抬起头来，不但因为漂亮，更是由于学习成绩很好。而这一切都是由于妈妈在她小的时候就给了她一个自由的空间：有自己的卧室。

小玉妈妈很注重她的成长，在小玉很小的时候，就把闲置的一间房屋装修了，让它作为小玉的卧室，小玉在这样的环境里很乐意享受这一切。

小玉每晚都是很早地完成作业后，听着轻音乐，在有太阳味的被子里很快地睡去。小玉按时作息了，精神好了，自然有精力学习，因此学习成绩也很好。

妈妈应该创造一个符合孩子要求的温馨就寝环境。正所谓，不会休息就不会学习。让孩子明白按时作息的益处，这样孩子就能在自己所创造的环境里养成规律作息的习惯了。

建议五：让孩子养成早睡早起的习惯

不管孩子愿不愿意，妈妈都要尽早帮助孩子养成早睡早起的习惯。

雨欣今年 11 岁了，一直保持着早睡早起的好习惯。雨欣原来可不是这样，这是妈妈费了很大的工夫才帮她养成的习惯。

雨欣八岁时，妈妈每天早上都会到她的房间，播放音乐，叫她起床。每天晚上，也会敲门，提醒她按时睡觉。

刚开始，雨欣特别气愤，但是音乐声让她不得不起床，然后睡意全无。晚上睡觉的时候也是如此，妈妈有时候不得不强行关闭她的电视机或者电脑游戏。然后，雨欣才会嘟囔着小嘴爬到床上去睡觉。

在妈妈严厉的监管下，雨欣养成了早睡早起的好习惯。

早睡早起是为了保证孩子能够在最适合的时间做适应的事情。一般来说晚上十一点到第二天凌晨三点是最佳睡眠时间，如果孩子太晚睡觉，那么他就不能在最佳睡眠时间休息了。

而每天早晨六七点是最佳的记忆时间，如果孩子不能早起的话，那么他就不能运用这段早起的时间了。

因此，妈妈一定要帮助孩子养成早睡早起的习惯。这样既保证孩子充分的睡眠，又能让孩子更好地学习。

不讲卫生易生病，让孩子养成讲卫生的习惯

家教现场

张自豪是个很爱面子的孩子，从小时候起便时时注重自己的个人形象。他特别爱干净，手、脸、鞋、袜、穿着等总是干干净净，因此很受大家的喜爱，讲卫生的习惯跟妈妈的教育分不开。

自豪的妈妈是一位医生，因为职业的关系，她特别注意培养儿子的卫生习惯。她时常告诫儿子要勤洗手脸、勤洗澡、勤换洗衣服等。

而且，妈妈还告诉自豪，如果不讲卫生，就容易染上疾病，并且脏兮兮的样子让别人见了也都讨厌。因此自豪从小就讲卫生，养成这种良好习惯后，很少患病。

教育启悟

讲究卫生是一个老生常谈的话题。它的含义其实很浅显，那就是指在日常生活中吃干净的食物，喝干净的水，穿干净的衣物，用卫生的器具，处干净的场所以及进行必要的卫生防护。

讲究卫生也就是说既要讲究个人卫生，又要维护环境卫生。说起来简单，但是做起来却是不容易的，而要养成讲卫生的习惯更难。

如果不讲卫生，没有养成良好的卫生习惯，那么身体就很容易滋生各种细菌，容易患上疾病。因此说，卫生习惯已经成为孩子生活习惯中极其重要的一部分。

卫生习惯关系到孩子生活的方方面面，尤其对于保持孩子的健康、树立孩子的个人形象等都是必不可少的。因此，妈妈就要让孩子从小养成讲究卫生的好习惯。

虽然提倡孩子讲究卫生已经很久了，但是在现实社会中还是有很多孩子存在着不讲卫生的行为。譬如乱倒垃圾、随地吐痰、饭前便后不洗手等。这跟孩子是否接受卫生知识学习是分不开的。

现在是文明社会，处处都在讲究公德，其中就包括卫生公德，因此说讲究卫生不单是关系个人，更关系着整个国家和社会的发展。

人是社会的人，生活在社会中总是要与人打交道的，自身的行为都要与他人、社会发生联系，产生影响。所以说每个人不仅要为自己的健康负责，更要为生活的环境负责。

孩子年龄还小，还没有完全在脑海中树立起讲究卫生这样一种意识。所以说作为妈妈，就要多教育、多指导、多督促孩子，让孩子在日常生活中逐渐养成讲究卫生的良好习惯。

专家给妈妈的建议

建议一：让孩子养成勤洗手的习惯

妈妈要帮助孩子养成勤洗手的习惯，这是保证孩子健康的一个重要方面。

赵文龙是个懒惰的孩子，每次吃饭时总还没有起床。他起床后，既不洗脸也不洗手，就马上走到饭桌前吃饭。妈妈多次强调洗手的重要性，但是儿子总是置之不理，拿起碗筷就开始吃。

突然有一天半夜里，正在熟睡的爸爸妈妈被文龙的喊叫声惊醒了。他们连忙跑到文龙的卧室，只见儿子正捂着肚子，叫着肚子疼。

妈妈吓坏了，赶紧开车把儿子送到了医院。通过医生的紧急治疗，才化险为夷。原来由于文龙不注意饭前洗手，得了急性结肠炎。

让孩子养成勤洗手的习惯很简单，只要平时多督促孩子，让孩子饭前、便后勤洗手，让孩子玩耍后勤洗手，并且用正确的洗手方法如用香皂洗手等。如果一次不注意讲究卫生可能影响不大，但长期如此就极易患病。

建议二：让孩子养成刷牙、漱口的习惯

俗话说“牙疼不是病，疼起来要人命”，因此一定要注意牙齿保护。只有养成了讲卫生的习惯，养成了早晚刷牙、勤漱口的习惯，才能避免这方面的疾病。

佳旭是个伶俐的孩子，但是由于没有注意到一些细节问题，小小年纪就总是牙疼，并且还被“虫子”吃掉了两颗。于是妈妈就领着儿子来到了牙科问诊。经过医生的检查，才知道已经患了严重的龋齿。

原来，佳旭从来就没有好好刷过牙，并且也不经常漱口。由于这个原因，他的牙齿坏掉了，并且也时常忍受着牙病带给自己的痛苦。

现在，他已经过了换牙的年龄，只能拔掉坏牙后装了两颗假牙。此后，他不用妈妈督促，就自觉养成了爱刷牙、勤漱口的好习惯，牙齿也就再没有坏过。

让孩子养成这个习惯要从小做起。乳牙换完后，妈妈要及时指导孩子学会刷牙，在孩子头脑中树立起早晚刷牙的意识，并且鼓励孩子时常漱口。

这样就能有效地减少牙疾，使孩子的牙齿少受痛苦。但是孩子患了牙病后，妈妈要及时地带孩子看牙医，因为“亡羊补牢，为时不晚”。

建议三：让孩子养成勤洗澡、勤洗脚的习惯

人体的各种机能都在正常运转，于是总有一些排泄物需要通过正常途径排出体外，其中最主要也最常见的就是汗液。如果不及时清洗掉，就会附着在身上，从而滋生细菌，发出难闻的气味。

龙超在同伴面前总是抬不起头，大家都不跟他玩。这不是因为龙超脾气坏，而是由于龙超身上总散发出一阵臭味。

原来龙超从小很怕水，总是找各种理由逃脱洗澡，逃脱洗脚。妈妈也多次鼓励他，让他多洗澡。他不听，而且每次大哭闹，把妈妈也弄烦了，也就懒得管他了。

后来，所有同伴都远离他了，龙超才意识到不洗澡的坏处。于是咬紧牙关跑到淋水器下，洗了个彻底。

从此以后，龙超不怕洗澡了，也享受到了洗澡带给自己的好心情。于是，龙超的同伴又回到了他身边。

所以说，妈妈要帮助孩子养成勤洗澡洗脚的习惯，这样不仅能洗除掉细菌，还会使孩子在洗澡的过程中享受到惬意。

让孩子养成习惯根本不难，关键是妈妈要下定决心帮助孩子坚持到底。妈妈可以告诉孩子做一个讲卫生的好孩子，拥有良好的个人形象，才会吸引更多的朋友。

建议四：让孩子定期剪发、剪指甲

头发长，不及时清洗容易生虱子。指甲长，指甲缝里容易藏污纳垢，这些都会给自己的形象带来不利的一面，并且稍不注意还会患病。

梅芳在班里有个外号“梅超风”，不是由于梅芳厉害，而是因为梅芳的头发、指甲很长，总是让同学感觉到不舒服。

后来梅芳意识到长发、长指甲不好。因为长头发得时常清洗，否则容易滋生细菌；而长指甲缝里总是有黑泥，一次不清理，就藏满了脏东西。

于是，梅芳逐渐克服了“臭美”的心理。在周末的一天痛下决心把自己进行了大改装。周一上学后，同学都愉快地接受了梅芳的新面貌，不再喊她“梅超风”了。

妈妈要为孩子的健康考虑，指导孩子定期剪发、修剪指甲。这样孩子形成一个好的习惯，就会有一个清爽的形象展现在大家面前，也会更

受大家欢迎。

建议五：让孩子讲究公共卫生

讲究卫生，不单是个人要讲究卫生，而且还要讲究公共卫生。只有全社会都有了讲究卫生的意识，才能在大的范围内形成良好的氛围，从而促进个人的卫生习惯的养成，才能更有益于自身的健康。

健康是一个人最大的财富，是幸福的基础。要有一个健康的体魄，讲究卫生就是最基本也是每个人都能做到的预防疾病的方法。因此，妈妈一定要告诉孩子时刻谨记讲究公共卫生的重要性，并且鼓励孩子讲究公共卫生。

眼睛很脆弱，妈妈要教孩子科学用眼

家教现场

梅梅现在每天写字，妈妈都会说她趴得太近了。她总是喜欢写字的时候，把作业本往右边放。妈妈每次看见了就对她说：“梅梅，你这样子写字是会得斜视的。”

可梅梅总是不听，还对妈妈说：“我这样子写很舒服。”妈妈耐心地跟她解释：“你喜欢自己的眼睛吧，要是以后带上了近视眼镜就不漂亮啦，还不方便呢。”

梅梅也知道眼睛近视了不好，只是自己没有养成科学用眼的习惯。一开始学写字，就不知不觉出现了很坏习惯。

于是，妈妈开始强行制止梅梅的一些行为，比如又躺在床上看书了，看电视时离得太近了。如此一来，梅梅在妈妈的严格管制下，达到了科学用眼。

教育启悟

随着电脑电视的普及，孩子学业负担的加重，现在的孩子大多是用眼过度。所以妈妈培养孩子科学用眼的习惯很重要。

现在孩子的近视眼低龄化现象也是越来越严重，许多幼儿园的小朋友，都出现了近视的情况，让妈妈对孩子的眼睛很忧心。许多孩子因为近视，而不得不在以后的学业中，放弃一些自己感兴趣的专业。

孩子的近视多半都是用眼不卫生而导致的，真正是出于遗传或病理原因，而患上近视的孩子，其实只占相当小的一部分。

妈妈有时候由于工作繁忙或出于溺爱，过分让孩子沉迷于电视和网络游戏中，也额外加重了孩子的用眼负担。妈妈平时又忽略了对孩子进行一些科学用眼的指导。

妈妈要督促孩子平时多注意科学用眼，让孩子每天坚持做眼保健操。在学习和看书的时候眼睛不要离书本太近，持续用眼时间不要过长，在看电视和玩游戏时也要间歇性的让自己的眼睛得到休息。

不论是妈妈和孩子都要充分明白科学用眼的重要性，养成好的用眼习惯，预防近视眼的发生。

科学用眼要靠平时对一些用眼卫生细节的坚持。不能今天想起来了实践一下，明天自己觉得怎么方便又怎么来了。

妈妈要让孩子能够对科学用眼，持之以恒地坚持下去。把自己知道的关于科学用眼的知识，都切切实实的利用起来付诸实践，只有这样才能真正保护好自己的眼睛。

专家给妈妈的建议

建议一：让孩子熟记科学用眼的规范

好习惯一定要自幼开始培养，越大就越难矫正。

妈妈很注意刘用的用眼问题。每天给他规定了严格的看电视和玩游戏时间。看电视每隔四五十分钟，要起身四处走动一下，最好到窗台去眺望一下远方。

玩游戏也是一样，做两件事的时间，都不要超过两个小时。如果刘用不能够遵守，就惩罚他一个星期不能碰电视和电脑。

每天的家庭作业，妈妈都让他能集中精力用最短的时间去完成。书本要相距眼睛 35 厘米，不能在太强或太弱的光线下看书学习。

学习每四五十分钟，也要起身活动一下。每天上午、下午要各做眼保健操一次。在妈妈的督促下，现在他已经养成了良好的用眼习惯。

孩子刚开始读书看电视，就要明确知道科学用眼的相关常识。妈妈要在生活中多督促孩子按要求遵守，使孩子早日养成良好的用眼习惯，保护好视力。

建议二：教会孩子正确的读写姿势

小成一进幼儿园，妈妈就跟他讲，要用正确的读写姿势来学习。坐在课桌前要端正，书本放在正中间不倾斜。

看书时书与桌面呈 30 度到 40 度角，让自己的视线和书本正好处于垂直的位置。眼和书的距离最好保持在 35 厘米左右，身体和桌面保持一拳头的距离。写字时不要左右斜视，不可头歪斜或趴伏。

小成平时学习时，都按规范的读写姿势来。刚开始按规矩来，他觉得身子好僵硬、好累。一个星期之后，他就发现它的好处了。

很多同学趴着写字，刚开始很舒服，可一会儿就累得坚持不住了。小成用正确的姿势学习，一节课下来却觉得身体很轻松。

孩子的用眼卫生也和孩子的读写姿势有关系。妈妈在教给孩子科学用眼的知识同时，也要教会孩子正确的读写姿势。只有养成端正的读写姿势，才能保证科学用眼方法更好地发挥，坐得不端正也会影响到视力。

建议三：让孩子坚持做眼保健操

刘力每次做完作业后，就去看电视和玩游戏。妈妈怕他眼睛吃不消，总给他限定时间。看完电视或玩完游戏后，妈妈也让他做眼保健操。刘力有时候不乐意做，三下两下地敷衍自己，妈妈就会让他认真重做。

每天在学校里也会有两次做眼保健操的时间。妈妈嘱咐他也要认真对待，不要觉得是麻烦事。班上的很多同学，都不太重视做眼保健操，几年下来好多人的眼睛都近视了。

刘力每天都坚持做眼保健操，视力还很好。看到别人戴眼镜，他才发现坚持做眼保健操确实有益处。

妈妈在监督孩子科学用眼的过程中，不要忽略了做眼保健操。眼保健操是根据我国传统医学中的推拿、针灸、穴位按摩等方法来制定的。

眼保健操能加强眼部营养和组织的新陈代谢，促进血液循环。认真对待眼保健操，让孩子更好地预防近视眼。

建议四：让孩子多看绿色植物

妈妈喜欢户外运动，常带李其去郊外搞越野长跑。妈妈的这些习惯，也培养了他对户外运动的喜爱。平时下课之后，李其都是马上到教室外面，去看看花花草草，还和大家玩玩游戏。

放学后只要做完作业，李其也喜欢到户外和别人玩游戏，从不待在家里看电视。他喜欢去接触绿色植物，喜欢在大自然中运动。

李其也会常碰到学习用眼疲劳的状况，但是他注意调节，眼疲劳也总能迅速缓解。李其的视力也一直比较好，大家都挺羡慕他。

孩子在紧张的学习之后，能够多看一下周围的绿色植物，能缓和紧张的视觉神经，让眼疲劳迅速得到舒缓，非常有利于对眼睛的保护。

妈妈要养成孩子这种科学的用眼习惯，鼓励孩子多使用绿色植物缓解眼疲劳。

建议五：让孩子少看电视和玩游戏

红红非常喜欢看电视、玩游戏。有时候玩起兴来，半天都觉得不过瘾。妈妈平时工作比较忙，觉得她乖乖地在家也是一件好事，在这方面对孩子的管制比较松。

有一天，红红和妈妈说："妈妈，我现在坐在教室里看黑板，总是觉得有一点儿模糊，像是隔着一层纱很不舒服。"

妈妈心想，坏了，红红不会是已经眼睛近视了吧？去医院一检查，果然已经是假性近视了。如果还不注意保养，很快就要成真性近视了。

妈妈现在对她进行全面管制，禁止看电视和玩游戏。做完作业就赶她出去玩，希望孩子的视力能够恢复。

电视和游戏对孩子的吸引力非常大，妈妈不监督孩子就容易控制不了自己，从而造成用眼过度。

妈妈不要害怕孩子讨厌自己，就放松对电视和游戏的时间控制。为了孩子能够拥有一双明亮的眼睛，妈妈要帮孩子把好时间关。

运动有益身心，妈妈要引导孩子爱上运动

家教现场

小波长得挺壮实，可就是不喜欢运动。妈妈平时拿他也没办法，要是和爸爸妈妈一起上街。他走不了一会儿路，就喊不想走了，要爸爸背着自己走。

妈妈带到公园里去玩，很多小朋友都在一起玩球、玩车子，有的追，有的跑，可热闹了。妈妈让他也去和大家一起玩，他玩了不到三分钟，就跑过来和妈妈说不好玩，自己不想玩了。

老师也和小波妈妈反映，小波平时在学校里也不喜欢运动。下课了，总是自己一个人在座位上坐着，做游戏时他也表现的兴致不高。

教育启悟

孩子热爱运动能够丰富孩子的感觉和知觉，尤其是发展孩子的空间知觉，这是孩子探索世界和抽象思维的基石。

热爱的运动的孩子，能够更明确自我存在的能力，能够更好的自我评价和自我认识，能够更娴熟的处理自己和自己，自己和他人，自己和

环境之间的关系。

热爱运动能够让孩子具有更开阔的眼界，树立起孩子在同伴中的威信和自信心，还可以培养出孩子积极的心态。

运动中有团结合作也有竞争，孩子在运动的过程中可以更好地发挥相应的品质，磨炼孩子的毅力和自制力，让孩子学会去更加积极地面对挫折和失败。

研究发现，人体每个器官上的每一块肌肉，都在大脑皮层中有着相应的对应区。孩子越是喜欢运动，运动的经验越是丰富，就越是能够有益地刺激大脑的发育，还可以锻炼孩子的感觉综合处理能力。运动对孩子的影响是其他任何教育都无法替代的。

妈妈要根据孩子的年龄和身体状况，为孩子挑选合适的运动项目，培养出孩子爱运动的好习惯。

这种好习惯会让孩子受用一生，热爱运动不是为了不生病，它能将孩子的潜能最大限度地挖掘出来。练就出孩子好的体能和好的心态，促进孩子的身体及心理的健康发展。

专家给妈妈的建议

建议一：培养孩子的运动兴趣

丁丁现在不爱走路，每次出门都想要妈妈抱着。丁丁的身体挺结实的，可是就是不爱动。妈妈经过询问，知道他想学游泳，便选择了一个星期天，专门带他去参观了水立方。

丁丁也是第一次进来，在这个梦幻的地方，他对游泳的兴趣一下子浓厚了起来。妈妈趁热打铁给他报了一个游泳班。

只学了一个星期，丁丁就可以自由的游了。妈妈为了让他保有兴趣，在他学习的过程中，还一直给他打气，只要有进步妈妈还会有奖励。事实证明，妈妈的这种策略很成功。

丁丁现在终于有了一项自己喜欢的运动了，它就是游泳。因为对游泳有了兴趣，他在学习时也是越学越用功。

运动兴趣是牵引孩子一步一步走入体育锻炼的关键。很多孩子不喜欢运动，是因为孩子还没有从运动中找到快乐的感觉。

一个觉得运动体验是快乐体验的人，才能够喜欢上坚持运动。让孩子保有浓厚的运动兴趣，是引领孩子走上爱运动道路的前提条件。

建议二：让孩子掌握关于运动的科学常识

刘英喜欢晨跑，每天早晨太阳刚露脸的时候，他也起来了。妈妈有时候时间充裕，也会陪着他一起跑。

妈妈总会提醒他，在跑前十分钟先喝一杯凉开水，这样有利于身体健康。在开跑前，妈妈还要让刘英压压腿、甩甩胳膊做好准备工作。

每天，妈妈都让他只要跑到身体微微出汗就可以了，不要运动量过大。反复强调晨跑贵在坚持，不在量多上面。

跑完步之后，妈妈也会嘱咐他先休息十五分钟，然后再吃早餐。在妈妈的指点下，刘英每天的精神状态都很好，也没有出现什么运动伤害，他在运动中把自己保护得很好。

孩子参与体育运动时，要教给孩子相应地运动科学常识，目的是为让孩子在运动的过程中更好地保护自己。

运动不当也是最容易出现的伤害，无论是哪一种运动，都要按运动规则来锻炼，否则出现危险的几率会大大增加，要让孩子学会保护自己。

建议三：给孩子运动项目的自由

刘明明是个喜欢运动的男孩，他最喜欢的是一些速度运动，比如溜冰、玩滑板。明明时常是带着伤回家，妈妈看到他身上摔得青一块，紫一块，就反对他去玩这些东西。

明明就对这些感兴趣，妈妈让他换其他的运动，他还玩不起兴致来。妈妈没办法，只能依了他，让他自由运动。

学校里组织了一次滑板大赛，明明得了亚军。他高兴极了，回到家就跟爸爸报告了这个喜讯。爸爸看到明明的高兴劲儿，就跟妈妈说：“你以后还是要多支持孩子的兴趣，你看这不是给你出成绩了嘛。”妈妈看着明明也笑了。

孩子在运动锻炼的过程中，也会有自己的偏好。只要是正常的大众的运动，妈妈都应该给孩子相应地支持。

妈妈要尊重孩子的运动兴趣，给孩子选择运动项目的自由，这样孩子才会更有兴致地投入到运动中来。

建议四：合理安排孩子的运动量

王小林现在已经念初中了，由于不喜欢运动，体育课的表现总是很差。他想每天早晨起来练晨跑，妈妈很支持他的想法。

妈妈嘱咐他练晨跑是很好的运动方式，但要找准自己的运动量，循序渐进地练习。千万不要运动量过大，让自己过于疲惫影响到听课时的精力。

小林按妈妈的提示，跑到自己微微出汗为止。经过几天的调整，就找到了自己的最佳运动量。坚持了一个星期之后，他觉得自己跑提比较轻松了，就再增加一些运动量。

通过这种方式，小林的体育成绩终于上来了，身体也不错，每天的学习都精力充沛。

孩子在参加运动的过程中，妈妈也一定要教孩子掌握合理的运动量。体能不是一天两天就可以锻炼出来的，要靠平时循序渐进地慢慢提高。

过度的运动量对身体也是有害的，所以爱运动是好事，但是也不要运动过量，运动贵在坚持。

建议五：让孩子的运动锻炼游戏化

荣儿不太喜欢运动，妈妈让她来和小朋友玩，她总说玩的没意思。妈妈便想了一个办法，来吸引孩子跟自己一起运动。

妈妈想和荣儿玩拔萝卜，就先编一个故事。然后问她是愿意当萝卜呢，还是当小白兔。然后母女俩就按照故事中的情节，玩起了拔萝卜的游戏。通过角色扮演，孩子也投入到运动中来了。

妈妈现在只要跟荣儿说：“我们来一起做运动吧。”她就会习惯性的问妈妈："好玩吗？"妈妈便会先给她讲故事，比如在大森林里去解救小红帽的事情，听完故事母女俩就开始锻炼。

荣儿还会边运动边问妈妈："像我现在这样子跑，可以赶在大灰狼到达前，救出小红帽吗？"妈妈也会配合着说："只要你明天也来坚持练，一定可以顺利救走小红帽的。"

孩子的世界充满了幻想，如果只是把运动当成简单的技能训练。孩子肯定会觉得单调、枯燥，不能吸引孩子的注意力。

如果妈妈能够把孩子的运动游戏化，让孩子觉得做运动就是自己在玩游戏，也就会提高孩子投身运动的热情了。

妈妈保护周到，不如教孩子自我保护

家教现场

黄力现在 4 岁了，平时妈妈说哪个东西不让他碰，他越是感兴趣。有一天，妈妈在睡觉，他想自己在微波炉烤白薯吃，平时他也看见妈妈的操作了，觉得应该没问题。

可是黄力在设置时间的时候，设置得过长了，结果看见东西烤焦了，他拉开门就抢，结果把自己的手给烫伤了，疼得他大哭了起来。

妈妈听到哭声赶来一看，马上给他擦烫伤膏。一问才知道了情况，就对黄力说："你可真是胆子大，大人都不敢做的事，你就做了。"

黄力便跟妈妈说："我不知道会这么烫的，要是知道的话，我就不敢这样子了。"妈妈听了，觉得是自己失了责，没有好好教育孩子保护自己。

教育启悟

孩子的自我保护能力包括自理能力，自我防范能力，自我救护能力和自我调整能力。让孩子学会自我保护是孩子走向独立生活的可靠保障。妈妈要尽早的让孩子学会各种自我保护的能力，让孩子避免受到伤害。

在平时的生活中，妈妈要有意识地将自我保护的常识性知识教给孩子，让孩子记住，哪些情况下有哪些危险，要怎样来注意和防范，生活中时时刻刻都要有安全意识。

在平时的生活中要注意培养孩子的独立性和自主性，让孩子尽早尽快地学会生活自理，只要精通了这些生活自理技能，就会很好地保护自己了。妈妈要让孩子自己的事情自己做，不要总是代劳，这样是不利于孩子学会自我保护的。

妈妈帮孩子正确地认识现实生活中的人和事，让孩子明白生活中有真善美，也有一些假恶丑。对与错，是与非，也要让孩子尽早地了解。这样才能保证孩子在社会不会上当和受到伤害。

自我保护能力对于孩子来说是非常重要的，为了使孩子顺利地成长，妈妈应该在孩子年幼的时候就加强对孩子的自我保护教育，让孩子能够拥有良好的自我保护能力，可以健康安全地成长。

专家给妈妈的建议

建议一：对孩子进行安全意识教育

王欢的妈妈比较注意对他的安全教育。平时在家里，妈妈就跟她说，煤气是不能去碰的；电插孔，是不能用手去掏的。家里的家用电器，妈妈也是教给王欢如何正确使用，免得她由于好奇去尝试而出现危险。

走在马路上，妈妈就教王欢怎么看红绿灯，还给她讲相应的交通规则。对于陌生人的搭讪，也让孩子不要随便跟人说太多，更不能给别人带路。

看见河道了，妈妈就跟王欢讲不要去玩水，以及可能带来的危险。平时看动画，妈妈也让她跟着学一些简单的社交技巧。

妈妈时刻让王欢在生活中要把安全放在心上，做任何事都要想一想这样会不会有危险。

妈妈一定要在生活中培养孩子的安全意识，教会孩子各种各样的安全常识。还要给孩子讲在遇到一些安全问题后，要怎么办。只有让孩子多了解，在碰到问题时，孩子才会用正确的方式来应对。

建议二：教会孩子应对日常事故的技巧

灾难和危险给孩子带来的残疾或伤亡对家庭的打击是不可言喻的，孩子不具备完全独立的能力，妈妈要培养孩子的安全意识，让孩子把安全放在做任何事的首位。

吴纲是个6岁的小男孩，却不幸溺水而亡。这与妈妈对他的安全意识教育缺失有关。周末，吴纲和几个小朋友去湖边玩，觉得太热了，吴纲便建议小朋友一起去湖里洗澡。

别的孩子因为爸爸或妈妈的教导，都不敢下水。吴纲的妈妈以为他不会接触到这个问题，就忽视了对他的安全意识的培养。吴纲不听伙伴的劝阻，硬是下了水，可是下去了就没有上来。

妈妈对孩子进行安全教育有很实际的作用，通过增加对危险的意识，孩子就能采取措施减少或控制这些危险，从而使生活更加安全。

建议三：告诉孩子交通安全的相关常识

董栋要上三年级了，妈妈告诉他，他是大孩子了，再说家离学校也不是太远，要学着自己去上学了。

妈妈给他讲解了交通规则，让他记在心里：要走路的右边，过马路时一定要走人行横道，并且要看清红绿灯，在横穿马路时不要急着走，先看看左右有没有汽车再走。

董栋在妈妈的教育下，很遵守交通规则，自己上学放学都没有问题了。

据调查，每年有4万多名小孩在交通事故中受伤。17%的不足5岁，此外35%的小孩处于5～9岁之间。妈妈要教给孩子一些交通安全常识，培养孩子遵守交通规则的意识。

现在的交通繁忙，孩子无论是上学、放学还是随妈妈外出购物，妈妈都要时刻注意安全，并将这种安全知识传授给孩子。

建议四：教孩子掌握基本自救技能

小东去朋友家玩，他家养了一只漂亮的小花狗。朋友告诉他，这只狗是从乡下姥姥家带回来的。小东和小狗玩了起来，它老是想抢到小东手里的食物，可是小东都躲开了。

就在这时，在旁边玩的朋友从沙发上滚过去拿遥控器，一不小心踩到了小狗的尾巴，小狗便一口咬住了他的手。

朋友一下子就疼得直掉眼泪了，小东的妈妈教过他，被狗咬了之后，要赶快用流动的水冲洗伤口，便拉着他洗手。

这个时候，朋友的妈妈出来了，看到小东熟练的自救方式，夸奖了他，并让自己的儿子以后也要好好地学一学这些知识。

孩子的学习能力很强，妈妈要在平时的生活中注意教给孩子一些自救技能。比如被动物咬伤了怎么办，遇到了火灾怎么办，手指被划破了怎么办等等。这些东西会更好地来保护孩子的健康和安全。

第五章

教孩子学做人，妈妈的榜样作用最重要

培养孩子诚信的品质，让他拥有无形的财富

家教现场

郑亮宿舍的几个同学肚子饿了，把钱给郑亮，让他到宿舍下面的超市去买点吃的。郑亮到下面超市选购了好多零食和面包牛奶等东西，结完账，郑亮就拎着东西上去了，把东西还有找回的零钱一一给了同学。

最后，郑亮看到自己手里还剩下10块钱，怎么会多出10块呢？他又把物品和钱数核对了一下，原来是售货员算错了，多找了他10块钱。

回家后，他将这件事告诉了妈妈，妈妈教育郑亮做个诚信的孩子，将剩下的10块钱退给超市的售货员。郑亮按照妈妈说的去做了，受到了售货员的夸奖，郑亮心里也很开心。

教育启悟

诚信，顾名思义是诚实守信。诚信是人们在人际交往中最起码的道德规范，它既是一种道德品质，也是一种公共义务。

诚信是一个人能在社会生活中安身立命之根本，是人之所以为人的最重要的品德。为了让孩子能够获得公众和社会的认可，就要从小培养

孩子做诚信的人。

诚信不仅能让孩子成为一个受人欢迎的人，赢得很多忠诚的朋友，还会让孩子在人格上更加完善，坚守自己的内心，不被外界诱惑，做一个正直、善良、无私的人。

孩子要做到真诚，以事实为依据，不会为了满足个人的私欲就满口谎言，也不会任由自己的性子，做一些对别人言而无信的事情。诚信的孩子不仅能让周围人感受到他的人格魅力，更能让妈妈放心。

孩子天生都是真诚的，来到世间被不当的环境和居心不良的人诱导，使孩子看到了谎言和逃避对自己的保护，孩子就学会了伪善。孩子天生也是愿意诚信的，只是已经养成的某些坏习惯，让孩子脱掉了诚信的外衣。

妈妈在塑造孩子良好品德的过程中，要注意保持孩子天生的纯真美好，消除掉孩子后天养成的恶习，培养孩子做个对人真诚、做事诚信的人。

专家给妈妈的建议

建议一：营造坦诚互信的家庭氛围

妈妈要为孩子营造一个轻松愉快、民主和谐、坦诚互信的家庭氛围，在这样的家庭环境里，孩子感受到自由和平等，感受到妈妈对自己的坦诚和信任，也能真实地面对妈妈，坦率地面对任何问题。

小宇早上该上学了，可他还躺在床上。妈妈叫了他几次，他说肚子疼，不想去学校了，让妈妈打电话跟老师请个假。

妈妈以为小宇不想去学校，才故意这么说，就对他说：“你别装了，昨天还好好的，赶快起来上学。”

小宇看到妈妈一点都不相信自己，就勉强起来，还没走出门，他就疼得走不动了。妈妈看到小宇痛苦的模样，赶紧把他送到医院。

原来小宇得了急性肠胃炎，从此以后，妈妈再也不轻易怀疑小宇的诚实了。

如果妈妈不信任孩子，总是高高在上要求、命令孩子，孩子就会畏惧妈妈，做错了事担心妈妈惩罚，就会找借口撒谎、逃避，这样诚信在家庭中就没有了根基。

孩子到学校和社会后，就会以同样的心态处世，处处抱着警惕怀疑的心态，很难做到诚信。

建议二：妈妈做好诚信的榜样

在生活中，妈妈的行为是孩子的榜样。很多时候，孩子有什么样的言行，都是根据妈妈的处事方式来的。

如果妈妈不诚实，孩子也不能守信，妈妈对待他人很随便，孩子也不能学会诚实守信，严肃认真地对待周围人。

小哲的妈妈做事很不讲诚信，答应别人的事总是不能按时做到。整天听到妈妈在电话中和人说："那笔钱明天就给你打过去啊，别着急。"

过两天又说："我忘了，周一吧。"直到人家找到家里了，妈妈才把事情解决了。小哲做事也越来越有有点妈妈那样的风格了。

妈妈是孩子行为的榜样，要想管教孩子，妈妈应该先从自身做起。如果自己做不到，就很难让孩子做到。

建议三：纠正孩子的不诚信行为

孩子由于受周围其他人的影响，可能会出现偶尔不真诚、不守信的状况，妈妈要及时发现，并且教导孩子改正，不能任由孩子不诚信的行为泛滥。妈妈要给孩子讲明道理，指出不诚信的危害，让孩子直面自己的问题。

妈妈要让孩子面对问题时，要实事求是；不要轻易答应别人，如果答应了就要做到；要孩子记住要言出必行，君子一言，驷马难追，要做个堂堂正正的君子，不要做因谎言和失信而不安的小人。

建议四：给孩子讲诚信的故事

孩子小时候都喜欢听故事，都会缠着妈妈给孩子讲故事，这是孩子认识世界的一种方式。妈妈要利用好这个机会，多给孩子讲诚信方面的故事，这样就很容易把诚信的观念植入孩子的脑海里，让孩子看到诚实人会获得好的结果。妈妈也可以给孩子讲不诚信的故事，从不诚信的反面故事中，让孩子看到不诚实的后果，孩子就会选择做一个诚实的孩子。

培养孩子的礼仪，懂礼貌的孩子最受欢迎

家教现场

周末的时候，明浩的妈妈带着他参加单位的周年庆典。很多人都带着自己的家属，非常热闹。

见到单位同事，妈妈就让明浩叫叔叔、阿姨，明浩很有礼貌地微笑着称呼他们，不像其他孩子只顾新鲜、玩闹，不顾其他。

在吃自助餐的时候，明浩也总是很有礼貌的站在旁边等别人先搛菜，之后自己再搛菜。有一个小女孩，太小了，总是夹不起来，明浩还帮她搛菜。

同事都对浩明的妈妈说明浩是个懂礼貌的孩子。别人还向浩明的妈妈讨教她是怎么教育孩子的，明浩这么小就这么懂事，像小大人一样，很守规矩，还乐于助人。

教育启悟

现代家庭里，孩子就是整个家庭的中心。妈妈的很多娇宠，让孩子在家里很霸道，想怎么样就怎么样，对待妈妈总是像使用仆人一样，不把妈妈放在眼里，更别说其他人了。孩子根本不知道什么是礼貌，更别

指望他能待人礼貌。

显然，这是很危险的。不懂得文明礼貌，就不能步入社会，就不能很好地和别人沟通交流。妈妈可以容忍孩子的野蛮粗鲁，但是外人是不会这么迁就孩子的。

孩子的言行举止没有礼貌，就会成为让人讨厌的人，这样的人是很难让人接受并把他当朋友的。

文明礼貌是中华民族的传统美德，中国自古就比较注重礼貌礼仪问题。如果孩子不懂礼仪礼貌，就根本没有出头做事的机会。

妈妈不当的宠爱，孩子忘乎所以的性格，使孩子不知道尊重他人，学不会谦卑待人，很容易被别人排斥在外。

无论孩子大小，礼貌问题都是不能忽视的。如果在小的时候不注重培养文明礼貌，孩子就不能把礼貌形成习惯。没有礼貌的习惯，孩子长大了也就没有礼貌的行为。

小的时候不礼貌可能只是小范围的不受欢迎，交不到朋友，不受人喜爱；长大了不懂礼貌，可能就是不被社会接受，找不到合作共事的对象，这样就很难在社会上立足。

因此，妈妈应该从小注重培养孩子的文明礼貌行为，让孩子从小就养成文明礼貌的习惯，做一个彬彬有礼、受人喜爱的孩子。

专家给妈妈的建议

建议一：妈妈对待孩子也要有礼貌

孩子的行为，在很大程度上都受妈妈的影响。妈妈是孩子的第一任老师，妈妈的行为是孩子模仿的对象。

妈妈对待外人和孩子的态度，决定孩子对待妈妈和别人的态度。妈妈对待孩子要礼貌，对孩子说话多用“请”“好不好”等请求、商量的口气，少指挥、命令。

孩子是非常敏感的。妈的态度，决定孩子以什么样的姿态回馈外界。妈妈对待孩子有礼貌，才容易让孩子学会文明礼貌。

建议二：培养孩子自尊和尊重他人的意识

妈妈要注重培养孩子自尊和尊重他人的意识。自尊和尊重他人，与文明礼貌有非常密切的关系。

自尊的孩子懂得尊重自己，也懂得如何获得别人的尊重，不受他人的侮辱和歧视，维护自己的人格尊严。

只有尊重他人，才能获得他人的尊重，遵守和维护社会秩序，讲文明懂礼貌等，这都是维护自尊所必须具备的条件。

让孩子维护好公众面前的自我形象，无疑别人会对孩子另眼相看。孩子也会因为获得他人的尊重，更加懂得文明礼貌的力量。

建议三：指导孩子的礼貌言行

在孩子小的时候，妈妈应该趁早教孩子文明礼貌的语言和举止，让孩子能够熟练运用，孩子的表现就会朝文明礼貌方向发展。

孩子举止要文明，站有站相，坐有坐相；不能在公共场合胡乱喧哗；不要打扰别人，即使是妈妈休息的时候，说话、看电视、关门都要尽量保持安静，小心谨慎。

妈妈只有在日常生活中加强对孩子文明礼貌言行的指导，孩子才能知道该怎样表现自己的文明礼貌行为，从而杜绝举止粗鲁、言行恶劣。

建议四：让孩子维护好自我形象

在公众场合，妈妈要让孩子通过文明礼貌的行为，维护好自身公众形象。教孩子遵守公共秩序和社会公德，如爱护公共卫生，不随地吐痰，不乱扔纸屑果皮；穿着朴素大方整洁，头发干净整齐；待人态度热情和蔼；遵守交通规则；乘车时主动购票，给老、幼、病、残、孕妇及师长让路让座；购物时按顺序；爱护公共设施、文物古迹；观看演出和比赛时，不起哄骚扰，做文明观众等等。

如果孩子在外面能做到这些，他的举止言行就是文明礼貌的，在公众面前的形象就是完美的。

培养孩子的孝心，让孩子养成孝顺品德

家教现场

妈妈忙活了半天，给方舒做了晚饭。方舒看到桌子上的菜是自己不喜欢吃的，就对妈妈说：“你这做的什么菜啊，我越是不喜欢吃，你越做这个。”妈妈说：“吃点蔬菜对身体好，你不吃我再给你重做一份吧。”

妈妈下班已经很累了，方舒却对妈妈做的饭挑三拣四，一点都不体谅妈妈，妈妈很伤心。邻居小李家的儿子，在妈妈回家晚的时候，都能为妈妈做饭了。

妈妈感觉自己的教育真失败，孩子没有一点孝心。

教育启悟

孝顺是孩子对妈妈的感恩心的体现。中国自古就比较注重对孝的教育，把孝看作一种非常重要的道德品质，曾经出现以孝治天下，由孝选官的历史现象。可见，孝是一个人的道德品德中一项重要内容。

现代社会，妈妈对孩子孝顺品德的培养，在很大程度上都没提上日程。妈妈只是无私地给予，从来不想孩子回报妈妈什么。

可是妈妈没有想过，如果孩子没有孝顺的心，孩子的人品道德就是不完整的。如果孩子对最亲近的人都不能给予爱的回报，还能对他人无私奉献吗？

孝顺是孩子对妈妈的爱的一种回报。羔羊能够跪乳，乌鸦能够反哺，说明任何人对别人的给予都要抱有感恩的心，要懂得回报他人，不能自私地只是索取。

孝顺教育，实际上也是一种良知教育，良知不仅体现在对妈妈，应该对社会，对自然，对任何人都应如此。

如果孩子不能用心感受妈妈的给予，不知道妈妈为自己付出的心血和代价，不懂得回报妈妈，他的心就是冷的、硬的，自私的。培养出这样的孩子，是做妈妈的失败。即使母爱不是为了索取孩子的回报，但是一个冷漠自私的孩子，无疑是让妈妈悲哀的。

孩子的心是空的，妈妈在里面种上什么，以后里面就会长出什么样的幼苗，长成什么样的参天大树。

妈妈要从小在孩子心里种下孝顺的种子，当孩子心里长出孝顺幼苗的时候，妈妈要小心呵护它的成长，不要只为了让孩子在其他方面成长，摧残了这棵稚嫩的小苗。

专家给妈妈的建议

建议一：做个孝顺的妈妈

妈妈的行为对孩子影响深远，很多做人做事的道理，孩子都是从妈妈身上学来的。

对待妈妈要孝顺，对待长辈要尊敬，做事能够有礼有节，在生活点滴中尽自己的孝心，妈妈对自己的长辈妈妈如此，孩子自然能够从妈妈身上继承这项优秀品德。

如果妈妈不能以身作则，孩子也就学不会孝顺。一方面孩子不知道孝顺为何物，另一方面孩子也会小看和鄙视妈妈。

妈妈自己都做不到，如何能教导孩子去孝顺。正人先正己，妈妈要首先做到孝顺妈妈，孩子就有了学习的榜样。

建议二：引导孩子体谅、感恩父母

妈妈不能因为爱孩子，就把孩子供养起来，满足孩子的任何要求，替孩子做任何事情。

妈妈要让孩子看到自己的不易与辛苦，这样孩子才能体谅妈妈，才能用自己的行动为妈妈分忧解难，而不会无理取闹地要求妈妈无限地满足自己的需求。

刘东的妈妈很宠溺刘东，什么事都不让刘东做。刘东都上初中了，还是衣来伸手饭来张口，想要什么，一句话妈妈就会为他办到。

妈妈哪里做得不合刘东的心意，他就会立刻给妈妈脸色看。他一向认为妈妈为他做的都是应该的、理所当然的。

一天，妈妈买了袋大米，走到楼下时，刚好刘东放学回来，妈妈让他帮忙提上去，可是刘东却说："我要忙着做作业去，你自己不能多跑一趟，下来再拿吗？"妈妈看刘东跑上楼的背影，很伤心。

孩子不知道孝顺，不能理解、体贴妈妈，很大程度上都是妈妈自己造成的。妈妈只知道宠爱孩子，把孩子和生活的艰辛隔离起来，这样孩子不知道妈妈为他付出了多少。只有让孩子体味到妈妈的辛劳付出，孩子才能产生感恩的心。

建议三：接受孩子的孝顺行为

孩子有时候会由衷地想替妈妈做点事，表现一下对妈妈的关爱，这时妈妈对孩子的态度，决定了孩子这种行为是否会继续下去。

小雨是个很孝顺的孩子，当妈妈忙的时候，他会走进厨房帮妈妈洗菜；有了好吃的他会递给妈妈吃点，妈妈刚下班很累，他会过来给妈妈捶捶背。妈妈知道孩子对自己关心体贴，也总是乐于接受。

小雨因为能帮妈妈做点力所能及的事而高兴，感觉自己能给妈妈带来快乐和帮助，也是有用的人。

当孩子为妈妈做事的时候，妈妈不要阻止孩子，让孩子孝顺的行为继续下去。不要感觉孩子小小的行为对自己无所谓。

正是这一个个小的行为，让孩子感觉到自己对妈妈的重要意义，孩子的关爱付出就会不断产生。

做爱心妈妈，让孩子懂得关爱他人

家教现场

小佟生活在一个温馨、平等、友爱的家庭里。妈妈总是把小佟当小大人一样看待，关于孩子的事总是先征求孩子的意见。

小佟做错了事，妈妈不打不骂，而是耐心地给小佟讲道理。小佟生病的时候，妈妈很担心，不过一直哄他开心，给他讲故事，说笑话。小佟能深切体会到妈妈的关爱。

一天，妈妈生病了，小佟看到妈妈很不舒服的样子，心里很难过。他一会给妈妈倒水，一会给妈妈拿水果。虽然妈妈没有吃，但是看到小佟这样关心自己，妈妈感觉很幸福。

教育启悟

现代孩子，很多在家里都是“小皇帝”、“小公主”，妈妈长辈每天围着他转，满足他的任何需要。

孩子习惯了别人对自己的照顾，却很少知道去关心、照顾别人。然而，关爱别人是人的一种本能，是一种美德，更是一个成功者必备的品质和智慧。

孩子需要关爱，在亲友以及周围人的关爱中，孩子才能健康成长，才能感觉到生活的美好。但是关爱是相互的，孩子同样需要付出自己的关爱，如果孩子只想获得别人的关爱，而不能对周围人付出自己的关爱，最终孩子也将得不到他人的关爱。

如果孩子没有关心他人的意识，他的人格就会存在缺陷，孩子不会具有孝顺妈妈的心，也不会产生同情善良的心，不会成为一个有良心讲情义的人。可见如果孩子缺乏关心他人的意识，对孩子良好品德发展将会产生不利影响。

妈妈要让孩子知道关爱别人就是关爱自己，只有孩子去关爱别人，在他需要帮助的时候，别人才会对他有所回报。

孩子明确了关爱别人是我们得到别人关爱的前提，这样孩子才会为了获得别人的关爱，而主动去关爱他人。

关爱他人也是人际交往中一条重要原则。在人与人的交往中，只有相互付出真心，去关心照顾他人，才能获得真正的友谊。

儿童心理学家马·劳迪斯·卡兰丹说过：“一个社交能力低下的孩子，比没有进过大学的孩子具有更大的缺陷。”

因此，妈妈要重视培养孩子关心他人、助人为乐的品德，让孩子能够用爱心换来友情，拥有很好的社交能力。

专家给妈妈的建议

建议一：做关心他人的榜样

妈妈在生活中要做到多关爱他人，因为爱心教育不是靠强硬灌输的，而是通过自然而然的模仿和潜移默化对孩子的影响而形成的。

一个充满爱心的妈妈，就是孩子道德成长的榜样，妈妈关爱他人的行为，会让孩子看在眼里，记在心里，从而对周围人也能付出关爱的行为。

金鑫的妈妈是个热情周到的人，不仅对待家人很细致，对待周围的人也很热情友爱。邻居赵大娘年龄大了，出门不方便。她拿药的时候，总是妈妈代劳。

一天，金鑫跟妈妈去商场，看到一个女孩在大厅哭，一问才知道和她妈妈走丢了。妈妈带着女孩到了服务台，让工作人员用广播帮女孩找妈妈。

这些小事，金鑫都看在眼里，他对周围人也能像妈妈一样，给予力所能及的关心和帮助。

妈妈是孩子行为的榜样。在孩子小的时候自我意识不健全，妈妈的行为就是孩子的标准，从而在他幼小的头脑里形成一种良好印迹。

建议二：让孩子从细微处做起

关爱他人，可以让孩子从细微的事情做起，让他在周身的环境中明白关爱的含义，明白给予别人关爱的重要性。

生活中不是处处需要孩子显示出大的关爱，相反正是生活中的细微处培养了孩子一颗爱心，一颗体贴细致温柔的关爱他人的心。

小勇的妈妈很注意引导孩子注重生活中的细节，让孩子在细微处学会关爱他人。当小勇和小朋友玩的时候，妈妈让他拿出自己心爱的玩具，给小朋友一起玩。

来小客人了，妈妈让他拿出喜欢的零食，和小客人一起吃；开门不小心碰到小狗了，妈妈对他说："小狗会被撞疼的，快抱起来哄哄它"。

爸爸在休息的时候，妈妈对他说："爸爸睡着了，说话要小声点。"奶奶吃不动硬的食物，妈妈让小勇替奶奶夹软的食物吃等等，这样，小勇在不知不觉中学会了关爱他人。

妈妈要从生活中细微的地方教育孩子，让孩子能够知道自己做的事对别人的影响，尽量不去打扰别人，给予别人关心和体贴，孩子就能学会关爱他人。

建议三：让孩子学会关心朋友

妈妈要把孩子带到人群中去，让孩子学会和人交往，学会交朋友。在和人交往的过程中，孩子用心去对待每一个人，学会关心照顾朋友，朋友关系才能持久。妈妈要让孩子明白这个道理，对别人付出关爱，才能收获到别人友爱的回报。

比如当同学生病的时候，孩子应该去看看他；当朋友获得好成绩的时候，孩子应该送上自己的祝福；当朋友有事相求的时候，孩子一定尽量去帮忙；当自己吃东西的时候，不忘让朋友一起分享等。

在和朋友相处的过程中，孩子会学到很多，能够学会关心和照顾他人，能够理解更深的友情的含义，因此妈妈应该鼓励孩子去交朋友，学会维持长久的友谊。

让孩子学会自省，孩子做人处事才能有进步

家教现场

岳凌飞想画画，可是自己又找不到大的空白纸张，他来到爸爸书房，看到爸爸做设计的图纸很大，心想用来画画一定很合适。

凌飞偷偷把爸爸的设计图纸拿到自己房间，正面有爸爸用铅笔画的图，凌飞在背面开始画起来，画了很多小动物，又涂了颜色。他很满意地欣赏着自己的大作。

后来，爸爸到处找他的设计草图，凌飞知道爸爸找的一定是自己拿的那张，吓得赶紧把图画塞到了床底下。

晚上吃饭的时候，妈妈说："每个人都有做错事的时候，认真反省一下，能改过就是好的。"凌飞晚上好好反省了一下自己，第二天向爸爸承认了错误。

教育启悟

孩子小的时候，很多事情不知道对错，都是由妈妈来评判对错。当孩子稍微长大一点，通过不断地学习、认知，自己能分辨出什么是对错，

这是孩子成长的一个重要表现。

如果孩子一直不知道反省，总是认为自己做的都是对的，不能知错就改，孩子永远也长不大。

现代家庭都把孩子捧着养，打骂教育早已被否定，妈妈对孩子娇惯宠爱，使孩子养成自以为是、霸道蛮横的习惯。

孩子在做事的时候，总是感觉自己是对的，别人必须服从他的需要，不能很好地审视自己的行为，这是家庭教育的失败。

妈妈应该在孩子小的时候，就灌输给孩子正确的评判事物的标准，让孩子用诚实、善良、知错就改、乐于助人等这样美好的道德标准，作为孩子评判自己做事的标准。谨防孩子养成唯我独尊、自负、自大的习惯。

孩子能用正确的标准反省自己的行为，就会通过自我修正来不断完善自己。

生活中很多事情，孩子只有通过亲自实践才能有所体验，然后再通过反思看看事情做得如何，孩子就会重新审视自己的方法，找出好的地方和有欠缺的地方，通过下次的实践活动再去改进。

妈妈要引导孩子去反省，让孩子能够自我完善和成长，一步步走向完美。

专家给妈妈的建议

建议一：做事后让孩子学会总结经验和教训

反省是事情结束后才有的行为，当做完一件事后，妈妈可以提醒孩子总结一下做这件事的经验和教训。

可以用一个本子专门记下对事情分析的结果，对于做对的地方，下次做事的时候继续保持；对于没有做到或者做错的地方，要记得改正。

张宏周末去野营，准备了很多东西，吃的玩的都有。回来的时候，孩子生病了，妈妈让他总结一下这次野营的经验。

他总结了几条，做得好的地方是：吃的准备得很丰盛，大家都没有饿肚子；同学们相互团结照顾，感觉很温暖；那个地方的风景很美，从白天到黑夜的景象都看到了。

而教训是：夜里很冷，带的铺盖的东西不够；没有准备药品，临时生病无法解决；没看天气预报，没想到会下雨。通过经验教训的总结，张宏知道了下次再出门的时候，应该注意什么。

妈妈要让孩子养成事事总结的习惯，孩子在做事情的过程中就会逐步完善，能够吸取经验教训，把事情做得更好。

建议二：引导孩子听取别人的意见

在做一件事之前，妈妈要让孩子能够听取别人的意见，可以接纳别人好的意见和建议，要用平和积极的心态去面对，不能一意孤行。

事后对于做错的地方，孩子也要以谦卑的心态去接受别人的批评。不能只听好话，接受不了别人的批评。

只有能接受别人的批评，才能拿来反观自己，孩子才能进行深刻的反省。孩子如果拒绝批评，也就是拒绝反省，不承认错误。

因此，妈妈要引导孩子能够正确看待意见和批评，能够接受，并且融入自己的行为中去反省认识。

建议三：让孩子勇于承担责任

妈妈要培养孩子勇于承担自己做事的后果和责任，不能总是替孩子承担做错事的后果，不然不仅让孩子失去了责任心，还会使他不会反省自己的错误，从而一而再、再而三地犯相同的错误。

妈妈不要因为爱孩子，什么事都替孩子做。该孩子承担的，就要让孩子自己去承担，这是对孩子心理承受能力的锻炼，同时也是让孩子学会反思，在反思中不断成长。

建议四：让孩子通过写日记学会反思

培养孩子写日记的习惯，让孩子把自己每天的行事，以日记的方式表现出来，并且能够如实的评价自己每天的收获和过失，不断自我鞭策。

日记能让孩子每天都去写，每天都对自己所做的事给出一个客观的评价，这种方式会让孩子更加清醒地认识自己，能够很好地反思自己每天的行为，从而不断取得进步。

公德心很重要，妈妈要培养孩子的公德心

家教现场

周末的时候，小军跟妈妈去公园玩。春天的公园到处鲜花盛开，小草发芽，蝴蝶翩翩飞。小军很高兴看到眼前美丽的景色。一只小蝴蝶从小军面前飞过，小军就伸手去捉，马上要捉住了，它却飞进草地里去了。

小军正要踏入草地，妈妈赶忙拉住他，告诉他："小草刚发芽，你踩上去，小草会很痛的，而且就可能受伤死掉了。"小军赶忙退了回来，不再去追蝴蝶了。

小军去欣赏盛开的桃花，一个小女孩看到漂亮的桃花，伸手想去摘，小军走过去对她说："不能摘花，摘下花就死了，而且别人也看不到了。"小女孩就把手缩了回去。

妈妈看见小军的表现，开心地笑了。

教育启悟

公德心就是在公共场合和环境里，一个人应该遵守约定俗成的道德操守，维护环境和资源，保护正常社会秩序。它是品德素质教育的一个

重要方面，这个方面培养得好，就能影响孩子其他品德的形成。

孩子只有遵守社会公德，才会被人们尊重，成为一个受人欣赏的人。公德心是个人修养的一个重要方面，它更能体现一个人道德情操的高尚与低下。

孩子拥有良好的公德心，在社会人群中就能表现得很出色、优雅，受人喜爱，否则就会遭人厌弃、排斥。

公德心在道德方面的一个重要标准，就是遵守我国传统道德规范：尊老爱幼、助人为乐、拾金不昧、见义勇为等。

随着时代的不同，不同时期又有不同的公德要求。目前维护和平和环境已成为人们关心的大事，孩子也要在公德方面与时俱进，主动维护和平和保护自然环境，不浪费公共资源。

孩子的公德心不是天生就具备的，是在后天的教育中逐渐养成的。

生活在什么样的环境中，孩子就会养成什么样的公德心；接受什么样的教育，孩子也会养成什么样的公德心。妈妈要从小培养孩子的公德心，让孩子做个有德之人。

专家给妈妈的建议

建议一：妈妈做遵守公德的良好榜样

在平时生活中，妈妈要以身作则，遵守社会公德，不做违反公德的事情。妈妈的行为是孩子学习的榜样，妈妈要以身作则，引导孩子遵守社会公德。

而当孩子做出违反社会公德的行为时，妈妈要对孩子进行批评指正，并用自身行动表明什么是正确的。

比如，妈妈不随便在大街上丢垃圾，不随地吐痰，不插队，不在公共场所大声喧哗等。这些都是妈妈对孩子的榜样。

孩子和妈妈在一起的时候，自然能跟随妈妈的步伐，不做违反社会公德的事情。如果妈妈自身做不到，怎么要求孩子做到。

建议二：从小事入手，培养孩子的公德心

公德心应该从小教起、从小事教起。妈妈不要总是想在大事上培养孩子的公德心，要积少成多，积小成大，在日常生活中，从小事做起，孩子在面临大场合和大的事件上，才能有公德意识，才能顺其自然地做好。

晚饭后，妈妈和小东在小区广场上散步。小东在凳子上坐下，一边剥着香蕉皮，一边找垃圾桶，看到垃圾桶离他比较远，就随手把香蕉皮丢在地上了。

妈妈看到后马上走过去捡起来，她没有直接扔进垃圾桶，而是将香蕉皮递给了小东。小东很羞愧地拿着香蕉皮跑到垃圾桶旁边，把香蕉皮扔了进去。

生活中的吃喝拉撒，都能和公德心扯上关系，这些看似微不足道的小事，妈妈不能放任孩子生活中的细节，要严格要求孩子，让他做得符合社会规范和要求。

建议三：让孩子做到遵守秩序

秩序和规矩是法定的或者惯例和习俗，妈妈要从小教导孩子遵守秩序，做个小绅士，在公共场合下不要违反秩序和规矩。

例如，妈妈要教孩子上车的时候要排队，要给老弱病残孕让坐，要尊老爱幼，在电影院不要大声喧哗影响别人等。

小权跟同学去电影院看电影，电影开始播映后，他想出去上厕所，就大声喊着同学的名字，让同学和他一起去。

他站了半天不动，挡住了后面人的视线。大家都发出讨厌的唏嘘声。小权却还浑然不觉，出去回来几趟，周围人对他都很反感。

案例中小权的行为，就是只顾自己，根本没考虑到在公共场所，自己的行为给别人带来的影响和不便，从而成为一个令人讨厌的人。妈妈要教导孩子要遵守一定的规矩和秩序，不要成为众矢之的。

建议四：让孩子懂得关爱别人

有公德心的孩子，大多能为他人着想，不会只顾自己的一时方便，做出给别人带来麻烦的事情。有公德心的孩子也是比较有远见的，能预见到事情的长远利益。

妈妈要培养孩子拥有一颗友爱的心，这样才能不仅考虑到自己，还能从大局出发，为了大家和公众的利益，舍弃自我的小利。

只有这样，孩子才能具备做大事的心态和条件。让孩子用长远眼光看问题，去维护美好的东西，例如水资源和绿色环保等。

勤奋是成才的钥匙，给孩子不一样的人生

家教现场

赵瑜成的妈妈生病了，有点严重，要动手术。妈妈很担心瑜成的成绩，最大的希望就是孩子能够取得好的学习成绩。

瑜成知道妈妈的对他的期望，为了让生病中的妈妈高兴，瑜成打算好好学习，让自己的好成绩带给妈妈惊喜。

瑜成现在更加勤奋学习了。他每天很早就起床晨读，上课的时候再也不敢偷懒，让思想开小差了。他很认真地听老师讲课、记笔记。晚上的时候也把一天的功课都处理完，再看点课外书才睡觉。

考试的时候，瑜成果然没有辜负自己的付出，拿着自己获得优异的成绩单给妈妈看，妈妈看了很高兴，病情也渐渐好转了。

教育启悟

天下没有白吃的午餐，也没有天上掉馅饼的好事。任何东西的获得，都要付出相应的努力。

妈妈对孩子的关爱比过去任何时代都要多，什么事情都想替孩子解

决，为孩子办到，不希望孩子受一点苦和累。这样对孩子未必是好事，孩子不经过磨砺，自己很难尽快长大。

不是所有的事情妈妈都能替孩子解决、为孩子办到的，有些事情，必须孩子自己去努力，去争取，才能获得。孩子最主要的任务就是学习，只有学习好，孩子才可能拥有光辉灿烂的明天。

妈妈再有钱，有地位，有文化，能给孩子的无非是让孩子上所好学校，为孩子请好的老师、家教，指导孩子学习，这些只是为孩子的学习提供了良好的学习条件,但是并不能代替孩子学习。孩子要想获得好成绩，必须要自己努力。

大凡有成就的人，孩子靠的都是自己不懈的努力，刻苦、勤奋用功。只有勤奋才能使目标变成现实，只有通过自身的努力，才能让自己立于不败之地。

妈妈在孩子学习问题上，不能心急，给孩子足够的时间，让孩子一步一个脚印，用勤奋的双手去创造优秀的成绩。

勤奋不等于蛮干，勤奋也要懂得技巧方法。在正确方法的指导下，孩子的勤奋就能见到效果。勤奋也不是一天两天就能见到成效的，只有坚持，有恒心和毅力才能成功。

专家给妈妈的建议

建议一：树立孩子正确的成败观

世界上没有什么不需要努力就能轻易得来，妈妈要树立孩子正确的成败归因观，孩子只有能够正确地找到成功或失败的原因，才能真正面对自己，不抱怨、不推卸责任。

成功的关键就是勤奋，孩子之所以失败的根本原因，在很大程度上是自己勤奋不够，不能向外界找原因，要从自己内在去发现原因。

夏文的学习成绩不太好，每当妈妈说起他的时候，他总是说："谁让你们不是教授啊，人家学习好的同学的父母都起码是大学毕业，有的还是大学教授呢，这样家庭的孩子成绩能不好吗？"

妈妈每当听到他这么说的时候，都感觉好像自己是罪人一样，自己文化水平不高，不能给孩子讲解问题，所以他才学习不好吧。

当孩子因为自己的失败抱怨妈妈或周围环境的时候，妈妈一定要为孩子指明真正的失败原因，不能让孩子看不清事物的本质，而轻易拒绝认识失败的原因。

只有明白了这个问题，孩子才能更加理智地对待事情，从而清楚地认识到成功必须是靠自身努力得来的。

建议二：让孩子为目标而奋斗

妈妈要让孩子树立人生理想和目标，并且激励孩子为目标而奋斗。理想和目标就像人生的灯塔，为孩子指明前进的方向，孩子就如同向着目标不断前进的船，而勤奋就是前进的桨，只有不断划桨，孩子才能到达理想的彼岸。

许达从小就立志要当一名出色的医生，为病痛中的人减轻痛苦，挽救生命。他认为那样很伟大。

有了这个理想和目标，妈妈就经常以此来鞭策许达勤奋学习，只有掌握充足的知识，才能考取好的医科大学，为成为一名优秀的医生准备条件。

因为有了目标，许达学习起来很努力用功，总是保持班级前三名的水平。高考的时候，他如愿地考取了全国最好的医科大学。

妈妈要鼓励孩子从小树立远大的理想，并且为理想而奋斗。在这样的情况下，孩子就会自觉地勤奋学习，来实现自己的目标和理想了。

建议三：让孩子制订学习计划并且坚持完成

在孩子学习的过程中，妈妈可以鼓励孩子制定科学可行的学习计划，并且按照计划去执行。学习有了计划，勤奋就有了方向。

制定的计划可以根据孩子的实际情况，制定略微高一点，通过努力就能实行。不能过高或过低，这样都不利于计划的执行。

妈妈要监督孩子，通过各种方法支持孩子将自己的学习计划坚持下去，勤奋当然不是轻松的事情，只有能吃苦的孩子，才能最终把勤奋进行到底，取得优异的成绩，品尝到勤奋带来的喜悦。

第六章

培养孩子的情商，让孩子拥有决战未来的力量

情绪如魔鬼，教会孩子控制自我情绪

家教现场

韩流的脾气有点暴躁，经常因无法控制自己的情绪而惹麻烦。

一天放学，大家都从学校的大门里往外挤，一个学生踩到他的脚了，他很生气，就对那个学生说：“你没长眼睛啊！”那位同学说：“我又不是故意的，干吗这么凶？”

韩流一听更加气愤：“踩人家脚还不道歉，还在狡辩？”然后一拳打了过来，两个人出了大门就打了起来，在同学的拉劝下，两人才住手。

最后，他们都被“请”进了老师的办公室，老师狠狠地批评了他们。

教育启悟

人都有生气或愤怒的时候，在这样的情景下，如何很好地控制自己的情绪，不仅关系到对所面临事情所采取的态度，更关系到由于无法自控情绪，会给自己本身带来的害处。

一件事处理不好，损失的只是在这件事上，但如果养成了不能控制自己情绪的习惯，那一辈子都会受害。

在失控情绪下的任何决定和行为，都会是不恰当的，或者说是鲁莽的。容易冲动的人，不可能把事情顺利解决。

同时，不能控制好自己的情绪，就不能很好的化解心中的气愤或郁闷，时间长了，人很容易生病。即使选择爆发，可是爆发后的后果会很严重。所以，不能很好控制自己情绪，其危害永远弊大于利。

自我控制力是需要锻炼的。孩子的自我控制力往往很差，只有在生活中不断地锻炼，才能达到能有效自我控制的效果。

妈妈在这个过程中，要加强对孩子自我情绪的引导，让孩子能够直面自己的情绪，学会自我控制和调节。

一首诗写道："你要是心情愉快，健康就会常在；你要是心境开朗，眼前就是一片明亮；你要是经常知足，就会感到幸福；你要是不计较名利，就会感到一切如意。"

妈妈可以把它贴在孩子的床前，帮助孩子的心情明净起来，看淡一切不如意的事，从而很好地控制自己的情绪。

专家给妈妈的建议

建议一：当孩子很激动的时候让他静一静

当孩子因为某事很生气或激动的时候，妈妈可以让他单独待一会儿，静下心来，把事情的原委想清楚，不要急着去处理问题。

灵灵的妈妈给灵灵买了两条小金鱼，非常可爱，每天在鱼缸里游来游去，灵灵非常喜欢。

一天，灵灵回到家，发现小鱼不见了，鱼缸上有几根小猫咪的毛，灵灵立刻明白了，一定是她家的小猫把鱼偷吃了。

灵灵气得大叫，要好好教训一下猫咪。妈妈看到了，一边安慰灵灵，一边把她拉到自己房间，让她静一静。灵灵趴在床上过了一会，怒气消了，说以后再买鱼一定把它保护好。

很多事当时很冲动，过一会儿就会冷静一些。所以当孩子要爆发的时候，妈妈一定要先让他静一静，消消气。

建议二：告诉孩子做事要三思而后行

无论做什么事多思考，把问题的前因后果想全面了，才能把事情做得更完善，特别是在情绪不稳定的情况下，更应该三思而后行。

当发生一些令人激愤的事情的时候，孩子很容易因为冲动而控制不住自己情绪，做出很多事后后悔的事情。这时，妈妈要让孩子不要急于决定，要把事情想清楚，三思而后行，才能保证做的决定是正确的。

建议三：让孩子把得失看得淡一些

有得失心的人，就会把事情看得很重，一旦发生得失，就会在内心有很大波动。没有得失心，就没有思想的波动，就不会产生不可控制的情绪。

所以，妈妈要让孩子心胸开阔一些，要放得下，把事情尽量看淡，这样在遇到问题的时候，就能很好地控制情绪了。

丹丹这次考试没考好，由原来的第三名下降到了第五名，她对此耿耿于怀，想不通为什么会有两个同学超过她，是不是老师改错试卷或加错分数了，总是在思考这个问题，以至于饭也吃不香，觉也睡不好。

妈妈看到丹丹这个样子，就对她说："成绩上下浮动是正常的，或许是你那两位同学最近很用功。不要把名次看得太重，这没什么大不了的。"丹丹想想也是，决定看淡一点，更加努力学习。

很多人对事情放不下，就是因为把事情看得太重。要学会放下，才能轻装前进。

建议四：教给孩子合理发泄的途径

当孩子的心情非常激动的时候，妈妈应该鼓励孩子通过一定的方式发泄一下，排解心中的负面能量积累，也是调节自我情绪的好方法。

妈妈在孩子情绪要爆发的时候，可以让他对着旷野、墙壁等大声地吼出来，或是痛哭一场，通过这样的方式，让孩子郁积的怨愤发泄一下，孩子的心里就会舒服多了，也能够轻松地控制自我情绪了。

建议五：转移孩子的注意力

当孩子很情绪很激动时，妈妈可以通过转移孩子的注意力，来转移孩子的情绪。妈妈可以让孩子等一等，先去做另一件事，把注意力转移到一件能让孩子快乐的事情上来，这样就能化解孩子前面的不良情绪。

这样经过一个缓冲，再回过头去处理上一件事，孩子的心情就完全不一样了，对事情处理的效果肯定会更好。

自知者明，妈妈要帮孩子客观认识自我

家教现场

俊辉的学习成绩总是很一般，妈妈一说他，他就把责任往别人身上推：老师教得不好、妈妈没有给他请家教、自己不聪明等等。看到俊辉这样不找自身的原因，就知道推卸责任，妈妈很生气。

妈妈说："你认识你自己吗？你不是一个笨孩子，而是根本没用功去学习。首先你要认识你自己，认识到自己学不好的真正原因，这样才能对症下药，把学习搞好。"

俊辉开始反省自己，认识到学习不好，确实是自己不努力的原因。

教育启悟

能够认识自我的人，就知道自己的长处和缺点，并发挥自己的长处，避免自己的缺点，并不断地努力改掉缺点，使自己的人生更加圆满。

如果不能有很好的自我认知，就不知道自己能干什么，会干什么，怎么干，进而对自己的能力产生怀疑。

不能够很好地认识自己，就会错失很多机会。当有机会来到自己面

前时，不能很好地把握它。因为对自己缺乏应有的信心，总是怀疑自己能否把这件事做好，在犹豫不决中，让机会悄悄溜走。

能够客观的认识自我，不但能抓住来到面前的机会，而且可以创造机会，使自己的才能充分发挥，能够更好地实现自己的认识价值。

自我的认知不是一下就能实现的。要不断地进行反思、试验，在摸索中认识自我，客观的评价自我。只有认识了自我，才能找到自己正确的道路，才能顺利地实现自己的人生价值。

孩子往往缺乏自我反观的意识，不能很好地认识自己，对自己的认识存在很多偏见，经常自视甚高，产生目空一切、骄傲自大的情绪。

或者，会放大自己的缺点，认为自己一无是处，形成自卑、不自信的心理。这两种心理对孩子的成长都是不利的。

妈妈要教孩子正确、客观地认知自己，分析自己的优势和短处，从而采取正确的方法，使自己的优势得以发挥，缺点能够不断地改进。

专家给妈妈的建议

建议一：让孩子在和别人的比较中认识自己

妈妈让孩子在和同学、朋友或偶像的比较中，更客观地认识自己。别人是自己的一面镜子，只有通过和别人的比较，才能知道自己和别人的不同，从而达到认识自己的目的。

李小唐学习成绩不好，总认为是自己太笨，根本没别人聪明，所以也不去想办法改进学习方法，努力提高成绩。

有一天，妈妈让他和朋友魏皓做一下比较，看看自己和别人的差别在哪里。

小唐说：“他长的比我高，不喜欢玩，总是比我先到学校，解答脑筋急转弯没我答对的多，做事比我认真。”

妈妈问：“他比你聪明吗？”小唐说：“不比我聪明。”“他的成绩比你好，为什么？现在你清楚了吧？”妈妈说。

小唐说："就是因为他比我用功一些。"妈妈笑着说："现在你知道该怎么做了吗？"小唐点点头。

当孩子自我否定，不能给自己一个正确评价的时候，妈妈可以让他通过和他人的比较，发现自己的真正问题所在。

建议二：让孩子在和自己的比较中认识自己

孩子不仅要和别人比较，也要和自己的过去比较，才能更全面的认识自己。每个人都有过去，用现在的自己和过去的自己比较，就能从中找回某些失去的东西，让自己更加充满自信。

例如孩子过去曾经辉煌过，取得很多令人羡慕的成绩，现在由于一些暂时的失败，就否定自己的能力，认为自己不行了。

这时，妈妈就可以引导孩子，回顾一下自己的过去，让他看到自己曾经的成绩，坚信自己现在也能行。

建议三：鼓励孩子经常反思自己

让孩子经常反思自己，虽然不能做到"日三省吾身"，最起码要做到三天反省一下自己。

反省也就是内在的自我观照，看看自己所做的事、所说的话、自己的思想等是对是错，现在比以前进步了还是落后了，通过不断的自我反省来认识自己。

反省的方式可以是单纯思考，也可以用日记记下来，通过日记的方式，达到每日反省的目的，会更加完整、全面地认识自己，同时也是个人成长的见证。

建议四：让孩子多尝试新鲜事物

一个人的能力，都是通过一些事情体现出来。有时并不知道自己能否干好一件事，这就是自我认识不清晰的表现。在这样的情况下，要给自己一个机会去尝试，在尝试中更清晰地认知自我。

梁方班里要选择一个人负责墙报，梁方的美术、作文都很好，同学都推举她担任这个工作，她想尝试一下，又怕自己做不好，所以不敢去主动接下这个任务。她左右为难。

梁方回到家，把自己的担忧告诉了妈妈。妈妈说："你如果对自己的能力没有很好的认识，为什么不尝试一下？说不定你很适合干这份工作呢。"

于是，梁方勇敢地接下了这个任务，果然干得有声有色。

当有机会来到自己面前时，千万不要犹豫，要勇敢地去尝试一下。多多尝试，就会发现自己在很多方面都很有才能。

建议五：让孩子全面地评价他人

让孩子学会全面地看待他人。要全面地的、正确的评价他人，就要以一种客观的标准，不能以偏概全、一叶障目，既要看到别人好的一面，也要看到别人有缺陷的一面。

只有全面分析，才能给人一个客观的评价。只有能全面地、客观地评价他人，才能全面地、客观地评价自己，达到客观地认识自我。

做阳光妈妈，培养孩子乐观心态

家教现场

白静是个很乐观的小姑娘，整天乐呵呵的，即使遇到伤心的事，也不会太久影响她的心情。

一天，白静心爱的小狗生病死掉了，她很难过，妈妈看她都要哭出来了，安慰她说："别伤心了，有时间妈妈再给你买一只和这个一样的。"

小静一听，立刻说："不要了，我们不养小狗了，总爱生病。下次养小猫吧！"妈妈说："好啊！"

很快小静的情绪平静下来，然后拿出一支笔，开始画起画来，一会儿，一只小狗就出现在纸上。白静笑着说："它会一直活在我的记忆里的。"

教育启悟

乐观的心态是一个人能够获得幸福生活的保证。一个人的幸福不是因为金钱、名誉、地位，而是因为乐观，拥有一颗平常心。乐观的人能够用积极的眼光，看待所发生的任何事情，能够勇敢地面对困难挫折。

如果没有乐观的心态，很容易会被一点小事影响心情，甚至夸大事态的严重性，终日惶惶不能安心，这样不仅影响自己的情绪，久而久之，还会影响到自己的身体健康，所带来的后果是很严重的。

一个乐观的人是受大家欢迎的，他带给别人的是轻松快乐；而且乐观的人是积极热情的，他能替别人着想，为别人排忧解难，让自己的乐观的思维去影响别人。没有人会拒绝和一个乐观的人交往。

妈妈从小就培养孩子乐观的心态，对孩子的成长非常有利。乐观让孩子从小就无忧无虑地快乐的生活；能够使孩子勇敢地面对困难和问题，勇于尝试，即使失败也一笑置之。这种乐观的心态，会对孩子以后的成功做好铺垫。

心态和性格有很大的关系，但是后天的教导和培养，能够使孩子慢慢养成乐观的心态。只要妈妈能给孩子一个快乐的环境，能在孩子忧虑时给予积极的引导、鼓励，孩子就会成长为一个乐观的人。

专家给妈妈的建议

建议一：做个阳光妈妈

乐观的妈妈，会让孩子的生活中充满阳光，会给孩子一个轻松愉快的家庭氛围。在这样的环境中成长的孩子，自然多了一份欢乐，少了许多忧愁。

遥遥的妈妈很乐观，即使没事的时候，妈妈的嘴角也是上翘的。遥遥很喜欢和妈妈在一起，感觉妈妈浑身散发着温暖的气息。

妈妈有很多朋友，经常愁眉苦脸地来找妈妈诉苦，或让妈妈帮忙解决问题，妈妈总能让他们笑着离开。遥遥就问妈妈有什么魔力，能把快乐带给别人，妈妈笑着说："这就是乐观的心态。"

所以，妈妈要做到开朗、积极、坚强、幽默、笑口常开，孩子自然会受到快乐的熏陶，成为一个快乐的孩子，这是培养孩子乐观心态的基础。

建议二：增加孩子的自信

自信的孩子相信自己的能力，孩子面对生活、学习中的一些问题时，能够从容应对，恰当解决。

袁野是个很自信的孩子，整天乐呵呵的，同学们都很佩服他处变不惊的态度，羡慕他每天这么快乐。

一次，袁野的脚扭了，恰恰快要举行期末考试了，同学们想，这次看他怎么还乐起来，体育成绩肯定会打破他一贯优秀的记录了。

袁野依然像一点事没有的样子，正常上课，经常自己给自己按摩。

考试的时候，虽然脚还没完全好，但是他尽了最大努力，成绩虽然不是最理想，不过也比一般水平要好了。他也感到很满意。

自信的人的字典里没有放弃。孩子对待问题会更加理智和积极，所以，妈妈培养孩子的自信，是增加孩子乐观的一个最快接捷的通道。

建议三：让孩子学会从另一个角度看问题

妈妈要让孩子学会反面思考，不要总是盯着眼前的损失，要懂得“塞翁失马，焉知非福”的道理，这样就会坦然接受当前的事实，期待事情会有好的转机。

很多事情都不是绝对的，好的事情可能最后会变坏，而坏的事情可能后来的结果却很好。只有懂得辩证思维，勇于接受既成的事实，然后从事情的反面出发，让事情往好的方面转化，这是乐观的人最常采用的方法。

比如孩子这次考试成绩不理想，就要帮孩子找到问题所在，然后去解决它。妈妈要让孩子明白，通过一次考试，暴露出自己的问题，应该说是一件好事。

建议四：告诉孩子一句话“那很正常”

告诉孩子一句能够让他把任何困难、挫折、意外的发生，都认为是平常的话，就会使他接受这件事，并且具有一颗平常心，不至于在遇到失败或困难的时候，无所适从，感觉天都要塌下来的压力。

妈妈可以告诉孩子，遇到什么事都要告诉自己“那很正常”、“没什么大不了的”、“我应该能解决它”等，在这样的语言激励下，孩子就会把事情的严重性缩小，然后勇敢地去面对。

建议五：让孩子不要杞人忧天

很多悲观的人总是杞人忧天，对没有发生的事就开始担心，对已经发生的事就会夸大事情的严重性和危害度，这样永远不能摆脱一种担忧的心情，也永远乐观不起来。

妈妈要告诉孩子，要养成乐观的心态，首先就不能杞人忧天。

对一些事情不能过于担心，未雨绸缪是好的，可以为事情的发生做好准备，但过犹不及，一定不要拿根本没有的事来给自己施加压力。

培养同情心，孩子的收获会比付出多

家教现场

许伶俐跟妈妈去公园玩，突然发现地上有只小鸟。伶俐跑过去，小鸟动也不动，伶俐把它拿起来，发现它的腿受伤了，好像断了一样在那耷拉着。

伶俐一脸同情，对妈妈说："小鸟的腿断了吧，它会多痛啊，我们把它带回家给它治疗一下吧？"

妈妈看到孩子这么有同情心，很感动，于是同意了孩子的要求。回到家，伶俐就从医药箱中拿出纱布和碘酒，让妈妈帮助她把小鸟的腿绑好，像个小医生的样子。

妈妈说："伶俐以后当医生吧，这样就能帮助很多受伤的人了。"伶俐点点头说："好啊，我会把他们的伤都治疗好的。"

教育启悟

同情心是一个人美好品德的反映，具有同情心的人，都能用一颗细腻的心去体察别人，去关爱别人。

同情心表现出来的是对弱小的怜悯，是无私的爱的奉献。一个具有同情心的人，心地是善良的，行为是崇高的。

现在社会物欲横流，大家都忙着追逐金钱，很少能有人停下脚步去观察周围的世界。没有同情心的人，会麻木地对待一切，不但不能给予陌生人帮助，还可能连对自己的亲人都很冷漠。

没有同情心的人是冷漠的，对待一切都只会用一个旁观者的眼光去看待，不能把自己和孩子联系起来。

只有具有一颗同情心，才能用敏感的眼睛发现世间很多人和物需要我们的帮助，才会伸出我们友爱的双手。

不要以为同情心的有无对自己没有什么影响。每个人都不能保证自己不会有落魄的一天，如果孩子没有同情心，当孩子处在不好的境地时，别人也不会给予他同情和帮助。

没有同情心的人，也不会发现自己的幸运，只会整天怨天尤人地哀叹命运不公。只有看到别人不幸，才会珍惜自己所拥有的。

妈妈要培养孩子的同情心。只有富有同情心的孩子，才能养成善良、无私的品格，才会对别人给予自己的关爱懂得回报和奉献。孩子的同情心应该从小培养，从小事做起，在微小的事情上挖掘。

专家给妈妈的建议

建议一：让孩子懂得去帮助弱小

培养孩子的同情心，妈妈要在平时生活中，引导孩子去帮助弱小的人和动物，让孩子在给予帮助时，体会快乐，获得满足感。

一天，童童跟妈妈一起逛街，在商场里看到一个小女孩在大哭，一边哭一边叫着妈妈，很伤心的样子。

童童拽拽妈妈的衣服说："妈妈，是不是她跑丢了，找不到自己的妈妈了，看她哭得多可怜啊！"妈妈说："应该是吧，要不你去问问？"

童童走到小女孩面前，小心地问："你怎么了？你妈妈在哪里？"小女孩停住了哭声，说：“妈妈去卫生间了，我害怕。”

童童对小女孩说：“你不要哭，我陪你等妈妈。”然后，和小女孩做起了游戏，不一会儿，小女孩的妈妈回来了，夸奖了童童。

妈妈要让孩子发现，帮助别人的机会到处都是，只要做个有心的人，你的同情心就能被激发起来。

建议二：让孩子用心体察周围事物

无论在家还在学校，孩子受到的教育都是让孩子去做好人好事，可是有的孩子却说没有机会，地上也不是总能捡到钱要上交，想做好事也没机会。

这是因为孩子对做好事认识的片面，不能灵活地去发现需要帮助的人和事。妈妈要教会孩子善于观察，用一颗善于发现的眼睛去看世界，就能找到值得自己去做得好事情了。

建议三：激发孩子的保护欲

对弱小的同情，是发自内心的一种情愫，妈妈要做的，只是把潜藏在孩子心底的这种情愫激发出来，发挥到实际生活中来。

迟小乐的妈妈买了一只小猫，非常小，但是毛茸茸的很可爱。小乐每天对待它，就像大人照顾小孩一样关心。

每天一大早起来，小乐会先去看小猫。吃饭的时候，也先把自己的牛奶倒在小猫的碗里。天气冷了，还为小猫准备了一个“小被子”。

小乐这样无微不至的照顾小动物，激发了他的同情心、怜悯心，对弱小的同情让小乐很珍视小猫。

把孩子潜藏的同情心发掘出来，在以后的成长中，同情心也会逐渐壮大，跟随孩子的一生。

建议四：让孩子学会施舍

施舍是同情心的体现，只有发自内心的同情，才能让孩子做出施舍的举动。如果没有同情这个前提，孩子是不会真心地、主动地去施舍的。

真正的乞丐，不是年老就是残疾，无劳动能力，如果每个人都不给予孩子施舍，孩子的生活将无法继续，生命就会受到威胁。

给予施舍，实际上是让孩子拯救别人的生命，这样的义举，孩子会很乐意去做的。

建议五：妈妈在生活中经常引导

妈妈总可以通过自己的行动和语言，让孩子感受到同情别人是应当的。妈妈要有同情心，经常给予人帮助和施舍，让孩子感觉到妈妈的伟大，生出敬佩感，孩子就会照着妈妈的样子去做。

妈妈要学会语言启发，在遇到一些需要同情的事情，但又帮不上忙时，应该对孩子说："你看他都看不到光明，生活在黑暗中，多可怜啊！""你看他不能走路，生活多么不方便啊。"

孩子看到自己拥有的健全的身体，应该感觉到幸福，适当的时候，也会给弱小者以帮助。

饮水思源，妈妈要让孩子拥有感恩之心

家教现场

琪琪是家里的“小公主”，爸爸妈妈什么事都依着她，很娇惯她，她说什么就是什么，从来不考虑别人的感受，更别提感恩了。

一次，琪琪要吃汤圆，可惜家里没有了，外面又下着雨，不好出去买。妈妈说：“明天再吃吧，今天下雨不方便出门。”

琪琪立马暴跳起来，吵着说：“不行，我就要吃，下雨也要出去给我买。”妈妈本想克服一下，出去给她买。

可是转念一想，这样娇惯下去，孩子永远不会懂得感恩。于是妈妈对她说：“汤圆没有了，想吃就等明天。”然后，任由琪琪哭喊，去做自己的事情了。

琪琪哭了半天，发现妈妈并没有来安慰自己，她也就知趣地回房了。

教育启悟

感恩就是能够感知到别人对自己的付出，并且懂得回报这种付出。感恩的心就是一种感激并想回报的心。

一个人如果不懂得感恩，他就是一个灵魂麻木的人，不能用自己的心去感知别人对自己的付出，也不能做出对别人的感谢、回报之举。

感恩的人是善解人意的，感恩的人是体察入微的，感恩的人是善良的。对一个知道感恩的人，所做的一切都是值得的。

在这个世界上，没有什么比理解更可贵。不懂得感恩的人，就不能理解爸爸妈妈、朋友等对自己的良苦用心，自己感觉不到幸福，同时会让对方感觉痛苦。

现代社会，很多妈妈只知道无原则地付出。把孩子当成手心里的宝，什么都满足孩子的要求，久而久之，孩子就会想当然地认为妈妈为我所做的一切都是应该的。

有些孩子根本没有想到去感激和回报，以致产生很多孩子不领妈妈的情，甚至责怪、埋怨妈妈等，这都是没有感恩心的表现。

感恩心的产生不是突发的，一下子就形成的，而是慢慢地在生活中逐渐产生、深化的。妈妈培养孩子感恩的心，就要在生活中通过一点一滴的小事，让孩子先学会感谢，期许孩子在力所能及的范围内做出回报。

具有感恩心的孩子，更能体会到妈妈对自己养育的不易，能够更好地理解妈妈，并且做出积极地回应。接受妈妈好的建议，做一些孩子希望看到的事情。

专家给妈妈的建议

建议一：妈妈替孩子做事，要让孩子知道感谢

妈妈替孩子做的事，也要让孩子学会说“谢谢”。如：妈妈帮孩子穿鞋、妈妈给孩子买一个新书包、妈妈给孩子专门做一顿饭等，都要让孩子对于妈妈的付出道谢。

道谢不仅仅是出于礼貌，对妈妈劳动的肯定、爱的接受，是孩子萌发感恩心的前提。谢谢的背后就是理解，理解的背后就是感恩。

建议二：给孩子感恩的机会

妈妈不要认为孩子小，不接受孩子爱的回报，说等孩子长大再回报吧。其实感恩是不能等的，回报可以由少到多，但不能拒绝，不然就会打击孩子的爱心和热情，不想再去感恩了。

芳芳放学回家，看到家里很乱，就主动去收拾。还没收拾好，妈妈就回来了。看到芳芳没有做作业，妈妈不仅没有表扬她，反而批评了她一通。

芳芳很不理解，为什么帮助妈妈做家务，会受到妈妈的批评，她只是想表达自己对妈妈的关爱，让妈妈少辛苦一点。

看到妈妈这么不理解自己，芳芳决定以后再也不给妈妈帮忙了。

孩子的心是细腻的，也是敏感的。如果妈妈教育的方式不对，就有可能阻止孩子感恩心的成长。所以妈妈应该接受孩子的感恩。

建议三：让孩子学会知恩必报

感情是相互的，别人对你怎么样，你就要以同样的态度对待别人，这样爱才能长久。

丝丝的奶奶非常喜爱丝丝，丝丝每次到奶奶家玩，奶奶都会给丝丝买很多好吃的，回来时也让她带一些乡下的特产。

今天她又去奶奶家，妈妈问丝丝："奶奶这么爱你，每次都会给你准备些好吃的，你是不是也应该表示一下对奶奶的关爱？"

丝丝想想也是，不过奶奶又不吃零食，送她什么呢？丝丝突然看到自己学美术的"作品"，于是选了出一张最好的给奶奶带去。奶奶看了丝丝的画作很高兴，直夸丝丝画得好。

妈妈要告诉孩子，当你接受别人帮助的时候，一定要想到日后对别人伸出援助之手，要懂得知恩图报的道理。

建议四：要感恩万物

我们生活在这个世界上，要感恩的东西很多。妈妈要让孩子学会感恩的不仅仅是人，对万物都要心怀感恩之情。

妈妈要告诉孩子，应该感恩阳光给我们带来光明与温暖，应该感恩河流滋润了禾苗，应该感恩建筑工人让我们住在漂亮的房子里等。

值得感恩的东西有很多，妈妈要培育孩子一颗感恩的心，用一种乐观态度去生活，去对待周围的一切。

建议五：妈妈也要感恩孩子

孩子应该感恩妈妈给予自己生命，感恩妈妈的养育，感恩妈妈给予的一切。但同时，孩子给予妈妈的东西也是值得妈妈去感恩的。

孩子使妈妈享受到当母亲的幸福，孩子的健康成长、稚嫩的行为，给妈妈带来欢笑和满足，孩子的进步让妈妈有一种成就感，等等。

所以，妈妈也要表现出对孩子的感恩，在互相的感恩中，能让爱意更浓，母子的情更深。

让孩子学会表达自己的情感，释放自己

家教现场

薛奇是个9岁的男孩，今年上小学三年级。一天放学回到家里，他就把自己关在小屋里，也不和妈妈说话，妈妈关切地问他话，他也不理，晚饭没吃就睡了。

第二天，妈妈打电话给奇奇的一个好朋友，才知道，原来是奇奇上课回答问题，由于紧张而口吃，同学在下面都笑他，他感觉很难堪，脸变得通红，也不再搭理同学了。

妈妈知道后，等薛奇放学，和他聊起来。妈妈说："你有什么思想问题，要学会表达出来，这样同学和妈妈都会理解你，帮助你了。只有学会表达自己的情感，才能释放自己。"

教育启悟

一个人生活在社会上，必然会遇到很多问题，也会在心理上产生很多想法，如果不能及时调整好自己的情感，不能释放自己的情绪，会给自己带来很大压力。

一个身心健康的人，能及时疏导自己不利的、消极的情感，然后再融入群体，获得新的能量，不断地完善自己，让自己在人生道路上不断前进。

无论是良好的情感还是恶劣的情绪，都要学会适当释放。快乐说出来，会给别人也带来快乐；悲伤难过的事情说出来，会得到亲人朋友的理解与安慰，心情也会慢慢转好。

如果孩子不能很好表达自己的感情，别人很难理解他，这样孩子永远生活在自己的小圈子里，很容易形成孤僻、忧郁的性格。

所以，要想让孩子被周围的人、被社会所接受，妈妈就必须让他学会表达自己。无论是思想还是情感，只有能够很好表达自己的人，才能让别人亲近、了解或者是原谅、宽恕。

表达自己也是成就自己的基础，完善自我的需要。自己目标明确，也让别人知道，就可能获得别人的帮助，从而获得成功。

妈妈要鼓励孩子表达自己的情感。无论什么样的情感，都要有勇气去表达或者发泄，这是培养孩子健康成长的重要途径。

孩子随着年龄的增长，渐渐形成了独立的精神世界，只有很好地表达自己，妈妈才可能及时了解孩子的需要和困惑，及时给予帮助和情感疏导，从而保证孩子健康快乐地成长。

专家给妈妈的建议

建议一：鼓励孩子说出自己的想法

让孩子学会表达自己的情感，要从小做起。在孩子很小的时候，妈妈就应该注意培养，因为小时候养成的习惯，会影响孩子的一生。

小芬是个很会表达自己情感的孩子，无论是开心还是悲伤，不论是合理的要求还有不当的幻想，她都会勇敢地说出来。这是与妈妈从小对她的引导分不开的。

在小芬两三岁的时候，妈妈就注意引导孩子表达自己的情感。比如看一个动画片后，妈妈就会问小芬："看得开不开心啊？" 遇到一个乞丐，妈妈会问小芬："有什么想法啊？"

通过妈妈的恰当引导，小芬都能很自然地说出自己的想法，慢慢地，小芬就养成了在妈妈不问的情况下，也会向别人表达自己情感的习惯。

妈妈的引导与鼓励是孩子乐于表达的前提，孩子乐于表达了渐渐地也会学得善于表达自己的情感，思想上也就不会形成什么包袱了。

建议二：做个细心的妈妈

妈妈是和孩子最亲近的人，也是最容易发现孩子情感变化的人。孩子的一言一行、一举一动，妈妈都应该关注。做个细心的妈妈、做个了解孩子的妈妈，把孩子的情感问题化解在无形中，引导孩子学会表达自己的情感和需要。

孩子的问题，实际上也是妈妈的问题。如果妈妈能足够关爱孩子，细心观察孩子，就能及时发现孩子的问题，通过一定的方法为孩子解决问题、排解困惑，使孩子的坏情绪不至于积压，而形成不良心理问题。

建议三：尊重孩子的想法

孩子在表达了自己的感情后，妈妈要表示理解和尊重，这样才能激发孩子向妈妈表达情感的意愿。如果孩子的情感和想法得不到妈妈的理解和尊重，孩子就对表达自己情感失去信心。

林鸥的妈妈要给他买辆儿童自行车，这天，妈妈和林鸥一起来到商场，售货员推出几辆不同款式的自行车让他们挑选。

林鸥看到一辆车篮带奥特曼的，非常高兴，喜欢地抚摸着。妈妈看中一款价位比较高质量较好的，想买下来，谁知林鸥拉着带奥特曼的车，一定让妈妈买。

妈妈只好放弃了自己的打算，买了林鸥喜欢的自行车。看到林鸥很高兴，妈妈自然也很欣慰。

当孩子表达出自己的想法和意愿的时候，如果条件许可，妈妈应该满足孩子的愿望，这是最好的鼓励孩子表达自己情感的方法。

建议四：教孩子一个发泄坏情绪的方法

孩子可能会在生活中遇到一些伤心或有压力的事，而形成一种不良的情绪，压抑着自己的内心。妈妈要教孩子一种发泄不良情绪的方法，让孩子能够很好地做到自我情绪调节。

例如，当孩子心情压抑的时候，可以让他到空旷的地方去跑跑步，把心中的积郁跑出来，或者大声喊几声，也可以把心事写下来、埋起来等。

妈妈要根据孩子的不同个性特点，去选择不同的做法，会收到很好的效果。

做激励高手妈妈，教孩子自我激励

家教现场

皓洁在班级里的成绩一般，每次看到考试成绩排在前五名的学生，他就非常羡慕，真希望自己有一天也能像他们一样，受到老师的夸奖和同学的崇拜。

皓洁想：我也不比他们笨，为什么做不到呢？为此，他为自己树立了一个目标：每次考试上升两个名次，相信一定可以达到最终目标。

皓洁学习更加努力了。虽然有时候只上升一个名次，他也不气馁，相信自己一定可以进入前五名。

皓洁不断地激励着自己，终于在半年后实现了自己的愿望，达到了第五名的成绩。他更加有自信了，相信自己一定能行，并定下向第一名冲刺的新目标。

教育启悟

自我激励是一种积极的心态，心态决定一切。这种自我激励的心态，决定了一个人能够在人生道路上，不断战胜困难挫折，从一个成功走向另一个成功，最终实现自己梦想的结果。

拥有自我激励心态的人是自信的，自信是取得成功的首要条件，因此，如果一个人要想实现自己的理想，取得成功的学业、事业，就离不开自我激励的心态。

消极懈怠、自卑的情绪，是积极地自我激励的大敌。认为自己什么都不如别人，无论自己怎么努力都不行，自己根本就达不到那样的高度的人，永远不会获得成功，只能和失败为伍。所以要想具有积极的自我激励的心态，一定要摆脱消极懈怠和自卑的情绪。

培养孩子自我激励的心态，是妈妈最大的责任。如果孩子具备了这个心态，他做什么事都会不断进取，获得成功。

有了这种心态，就相当于孩子有了监督自己、鞭策自己的能力，因此妈妈就可以省心了。

所以，妈妈一定要从小注重培养孩子积极的自我激励的心态，这是孩子不断进取的前提，是孩子未来成功的保证。

专家给妈妈的建议

建议一：妈妈做事的心态要积极

妈妈是孩子的榜样，妈妈对孩子的影响是耳濡目染的。妈妈做事的作风、心态，直接影响孩子做事的作风和心态。所以，妈妈做事认真负责、积极进取，能够为实现目标不断自我激励，孩子就会像妈妈一样地要求自己。

如果妈妈自己都做不到自我激励、不断进取，孩子的自我激励也就无从谈起。所以，妈妈在要求孩子的同时，一定要注意自己的行为给孩子带来的影响，让自己成为孩子一个好的行为典范。

建议二：培养孩子的自信

自信是自我激励的前提，自信的人，才能够相信自己有这个能力，并且自我激励去实现目标；没有自信的人，认为自己根本不可能成功，又怎么自我激励自己前进?

胡航报名参加了学校举办的春季运动会长跑项目，当他知道同时报名的还有去年那个冠军时，他有点害怕，担心自己不是他的对手，可能不会给班级夺得第一了，于是不想参加了。

妈妈知道了他的想法，就告诉他：“如果你现在就打退堂鼓，连一点自信都没有，是肯定要失败的。只有自信的人才会成功，你要相信自己。”

胡航听了妈妈的话，认为自己跑的也挺快，输赢还不一定，就坚定了自己的信心。经过艰苦训练，胡航果然夺得了第一。

有了自信就会产生自我激励，这样离成功就为之不远了。

建议三：告诉孩子要勇于挑战

大凡能够成功的人，都是有勇气、有魄力的人。如果连挑战的勇气都没有，就肯定与成功无缘。只有勇于挑战的人，才可能获得成功的机会。

明法是个沉默寡言的孩子，学校班级举办庆新春元旦晚会，大家都积极地准备节目，明法也想在晚会上为大家表演一个节目：朗诵自己写的一首诗，可是由于性格原因，他感觉在众目睽睽下会很紧张，于是很矛盾。

妈妈告诉他：“你要勇敢地抓住机会锻炼自己，慢慢地你就不会紧张了。这是个很好的机会，勇敢地走上台吧！”明法终于鼓足勇气走上舞台，他的表演获得了大家热烈的掌声。

一个人要不断挑战自我，战胜自身的弱点，才能不断进步，不断完善自己。

建议四：让孩子会说“我能行”

妈妈要教会孩子说几句自我激励的话：“我能行”、“我一定会成功”、“我很聪明”等。当孩子遇到困难挫折，想退缩时，就拿出来对自己说一说，这也是一种自我激励。

一句激励自己的话，就有可能转变孩子做事的态度，能让孩子头脑中形成一种自我强化意识，无形中影响自己的心态。

而且，自我激励的语言说得多了，就会内化为孩子自身的意识，从而决定事情的成功。

建议五：让孩子学会坚持

坚持也是自我激励的一个重要内容。妈妈要教孩子，要想取得成功，必须学会坚持，遇到挫折不退缩、不半途而废。只有坚持到底，才能看到胜利的曙光。

因此，妈妈在孩子意志不坚定、开始动摇的时候，要及时对孩子说：坚持下去。要让孩子认识到，没有坚持什么事也做不成。

因为要完成一件事情，并不是那么简单的，总会遇到很多挫折，在这时候，坚持就是取得最后成功的法宝。

己所不欲勿施于人，让孩子学会换位思考

家教现场

梅焉是个很懂事的女孩，非常善解人意，她做的事情总能使人满意。

一天梅焉和一个同学坐公交车去逛街。在公交车上，梅焉看到一个小偷在掏一个大妈的包。梅焉很紧张，但立刻冷静下来，知道直接去抓小偷肯定不行，可能会遭小偷报复。

梅焉灵机一动，对同学大声说："哎呀，我的钱包什么时候掉了！"她这么一喊，大家都注意了自己的包，小偷也立刻把手从大妈包里抽了出来。

小偷的行动没有得逞，恶狠狠地瞪了梅焉一眼。梅焉表现得很正常，心里却不禁暗笑。下车后，她才把这件事告诉同学。

教育启悟

"己所不欲，勿施于人。"自己不想要的东西，也不要给别人，这表达了一种换位思考的思维方式。

能够站在别人的角度考虑问题，能够提出别人能够接受的建议和条

件，这就是通过换位思考，找到最好的解决问题的途径。

无论什么事，都是通过人来完成的。人与人之间交往的关键，就是能够相互理解，而相互理解最好的方法就是换位思考，站在对方的立场来考虑问题，只有这样，才能真正体会到对方想需求，从而作出双赢的决策。

培养孩子的社交能力，就要培养孩子的换位思考能力。换位思考是人际交往的必备要素，如果孩子不会换位思考，就会变得很自私，不能接受别人的要求，也不会被别人所接受。只有懂得站在别人的立场考虑问题，才能很好地和人交往，实现人际的和谐发展。

妈妈应该在孩子小的时候，就注重孩子换位思考能力的培养，对孩子任性的行为，妈妈要进行积极引导，让孩子多考虑别人感受。

可以让孩子想象，如果自己是某人，自己会怎样做，会是什么样的想法和心理感受，这样，孩子就能很好地理解别人，从而做出令人满意的事情。

换位思考的思维方式，会影响孩子的一生。只有从小具备这个思考方式，并通过各种事件的不断强化，才会让孩子建立正确的处事方式，形成完善的人际和谐能力。

专家给妈妈的建议

建议一：妈妈要会换位思考

妈妈教育孩子换位思考，首先自己要做到换位思考。妈妈要站在孩子的角度思考问题，然后再转化为孩子能够接受的教育方式，这样会起到很好的效果。

灵慧是个很任性的孩子，只顾自己的感受，从来不考虑别人的感受。

一天，灵慧想吃蛋糕，非要让妈妈现在就出去给她买，可是正当中午，外面的太阳非常毒辣。妈妈就对灵慧说：“晚上再给你买吧，现在外面太热了。”

灵慧立马撅起小嘴，嚷着说："不行，现在就要。"

妈妈说："你站到外面太阳下，晒十分钟回来，妈妈就去给你买。"

灵慧跑到外面晒了不到五分钟，就跑回来。妈妈说："这样的天气，妈妈跑这么远给你买蛋糕，会不会很热啊？"灵慧点点头说："那就晚上吧。"

让孩子体会到别人的感受，就会知道自己的要求是过分的，从而改变任性自私的毛病。

建议二：让孩子也要满足别人的需要

孩子一般都是希望妈妈满足自己的要求，很少考虑自己要满足妈妈的要求，这也是一种以自我为中心、不会换位思考的表现。所以妈妈要创造条件，让孩子懂得满足别人的需要。

例如，妈妈身体不舒服的时候，可以让孩子为自己服务，如煮饭、端茶、拿药等，让孩子知道平时妈妈是怎样辛苦，为了家庭付出了很多；妈妈可以让孩子帮自己洗脚、洗头等。

这都能从不同侧面，培养孩子换位思考的能力。

建议三：和孩子玩角色扮演的游戏

在孩子小的时候，妈妈和孩子玩角色扮演的游戏，能够让孩子非常乐意地换位思考，由游戏转入现实生活，孩子就具有了换位思考的思维能力。

笑笑以前很调皮、任性、不听话，妈妈很为他费心。后来妈妈和笑笑玩角色扮演的游戏，通过游戏，笑笑变得很能体会别人的感受，变得听话懂事多了。

一天，笑笑和妈妈去郊外游玩，看到一个小妹妹在不停地哭，笑笑走过去，把手里的饼干递给她一袋，拉拉她的手，安慰道："妹妹不哭，给你饼干吃。"

小女孩果然不哭了。阿姨夸奖笑笑真懂事。

在游戏中让孩子体验换位思考，走到生活中，孩子也就具备了换位思考的能力了。

建议四：让孩子远离自私

自私的人只会为自己考虑，从来不会顾及别人的感受和需要。在人际交往的社会中，自私的人很难和人保持长久的关系，也不会得到很多人的帮助，最终会走向孤立和失败。

所以，妈妈一定要让孩子学会大度，不要局限在自私的狭小圈子里，这样只会让自己的路越走越窄。

让孩子多考虑别人的感受，不能只顾自己的私利，去做不利于别人的事情。远离自私的人，就能很好地替别人着想，只有让大家的利益都得到满足，才能最终实现自己的利益。

第七章

让孩子自觉主动学习，成为学习高手

激发学习兴趣，是提高成绩的最佳方法

家教现场

韦文是小区有名的小画家，他画的画经常得奖，这与妈妈对她的表扬和鼓励是分不开的，正是有了妈妈的鼓励，韦文才激发起了对绘画更大的兴趣和热情。

有一次，妈妈把韦文和他妹妹留在家里，韦文发现家里有几盒妈妈新买的广告颜料，突发奇想地想为妹妹画肖像，为此他弄得客厅里乱七八糟的，沙发上摆着纸，地板上也沾满了颜料。

妈妈回来后，看到屋里的一切，又看看韦文骄傲的眼神，她没有说客厅里有多么乱，而是很真诚地赞扬道："哇，你画得像极了！"

妈妈的夸奖激发了韦文学习画画的兴趣，以后，在妈妈的夸奖声中，韦文画的画越来越好。

教育启悟

兴趣是人们力求认识某种事物或爱好某种活动的倾向。这种倾向总是和一定的情感联系着的，并会对人们的行为起到向导作用。

兴趣是最好的老师，是学孩子自主学习的不竭动力。在学习过程中，学习兴趣与学习效果之间有着密切的关系。

浓厚的学习兴趣可以使孩子对学习充满热情、能主动克服各种困难、全力以赴地实现自己的学习愿望。如果对学习不感兴趣，仅仅由于强制而求知，则学习效果甚微。

妈妈只有激发起孩子的学习兴趣，增强孩子的求知欲，才能让孩子保持最好的学习状态，达到事半功倍的效果。每一位妈妈都希望自己的孩子能够顺利地学习，取得好成绩。

但是孩子大多数看到的是每天都对孩子苦口婆心地说教，可孩子对学习就是表现不出兴趣，妈妈要分析孩子的实际情况，用合适的方法激发起孩子学习的兴趣。

孩子的学习兴趣不是与生俱来的，而是在妈妈长期的教育影响与社会实践中不断发展起来的。孩子对学习产生了兴趣，自然会全心全意地去做好。

妈妈激发了孩子的学习兴趣就是培养了孩子学习的动力，有了动力才能让孩子在学习中游刃有余。

孩子正处在学习的重要时期，培养孩子的兴趣对于今后学业的发展有着不可低估的作用。

专家给妈妈的建议

建议一：分析孩子缺乏学习兴趣的原因

孩子缺乏学习兴趣的原因有很多，兴趣的缺乏直接导致孩子学习效果的好坏。妈妈要找到孩子对学习缺乏兴趣的原因，然后对症下药，帮助孩子恢复对学习的兴趣。

孩子对学习缺乏兴趣的原因主要有：经常受到老师的批评；学习方法不恰当成绩低，导致了恶性循环等。

没有任何一个孩子是甘于落后的，可是很多因素阻碍了兴趣的产生，这时候的孩子需要妈妈的理解和关爱。

妈妈要耐心地听孩子把自己不喜欢学习的理由说出来，然后引导孩子发现自己不喜欢学习的理由并不是学习本身，而是很多外在因素。

妈妈了解了问题所在，就要积极为孩子解决。比如妈妈可以和老师聊聊孩子的状况，让老师改变一下批评孩子的方式，帮助孩子用科学的方法进行学习等。只有这样，才能让孩子对学习充满兴趣。

建议二：用表扬和鼓励来激发学习兴趣

人做完某一件事后，都希望得到别人的肯定和表扬，孩子的自我意识不强，更需要来自妈妈的表扬和鼓励。

妈妈要善于发现孩子的闪光点，使孩子体会到自身的价值，享受到成功的喜悦。这样孩子的学习的情绪才会高涨，学习的自觉性和积极性才会有很大的提高。

由此可见，妈妈要充满热情地鼓励孩子的学习兴趣。妈妈是孩子心目中第一个最具权威的评价者，孩子特别渴望得到妈妈的肯定。

当孩子做得好时，妈妈应适时表扬，可当孩子做得不好时，妈妈要先发现孩子有努力的一面，然后再鼓励孩子，用表扬和鼓励为孩子筑起兴趣的风帆。

建议三：用降低难度来激发兴趣

大部分妈妈望子成龙、望女成凤之心切，对孩子有着过高的期望值。孩子往往无法接受孩子学得比别人差的事实，一味给孩子增加压力，结果却造成孩子的逆反心理，使孩子的兴趣得不到发展。

孩子对学习不能产生兴趣的主要原因是因为孩子觉得学习太难，缺少乐趣，所以降低难度，把难度定在学生稍稍努力就能成功这一程度应是激发兴趣的好方法。这时的孩子，既需努力，又能获得成功，很容易形成兴趣。

建议四：用孩子的好奇心来激发学习兴趣

好奇心是孩子形成学习兴趣的先导，是人们对求知事物积极探求的一种倾向。孩子如果对外界新鲜事物感到好奇，总想问妈妈直到搞明白。

居里夫人说过，好奇心是学者的第一美德，而好奇心又总是兴趣的导因。作为妈妈要十分珍惜与爱护孩子的好奇心，让孩子带着好奇心去学习各种科学知识。

这样培养起来的孩子学习的兴趣会持续更长的时间，会有更强的稳定性。妈妈要善于抓住孩子的好奇心，在加以正确的引导，帮助孩子激发起自身的学习兴趣，为自己的学习服务。

建议五：让孩子保持学习的新鲜感

每天都重复一样的学习模式是孩子缺乏学习兴趣的一个重要原因。妈妈要在孩子的学习之外适当地给孩子增加一些新鲜的学习内容，让孩子对学习充满新鲜感，只有这样，才能让孩子保持现象和兴趣。

聪聪的妈妈是个聪明的母亲。她知道聪聪喜欢学语文，就不断地给她买些她喜欢看的书籍，周末经常带她去图书馆，还经常把聪聪的文章发表到网上。

这既是对聪聪的一种鼓励，又激发了聪聪学习语文的兴趣。在这样的环境下，聪聪始终保持着对语文的新鲜感，成绩一直名列前茅。

妈妈要抓住孩子喜欢尝试的心理，适时夸大孩子的视野，让孩子时刻觉得自己的知识是很有限的，从而激发起孩子学习的兴趣。

为孩子创设良好的学习环境，让他静心学习

家教现场

张婷今年上四年级了。她的妈妈特别爱热闹，经常在周末的时候邀请朋友来家里吃饭、打牌、高谈阔论。这个周六，妈妈又约来几个朋友在家玩。

张婷本想趁周末好好复习一下，可是她根本就没法安心学习。无奈之下，张婷和妈妈说她要学习，需要安静。妈妈却说，想学习什么样的环境都能学。

张婷气呼呼地去同学林娜家做作业。林娜的妈妈正在看书，看见张婷来了，还为她把一把凳子搬到林娜书房，并且还为她们准备了果汁。在这样的环境下学习，没有噪音，很快她们就写完了作业。

张婷看到林娜家的学习环境，又想想自己的家庭环境，很是羡慕。她真希望自己的妈妈能为自己也创造一个这样的学习环境。

教育启悟

人和周围的环境是统一的整体。孩子的独立意识不强，更容易受周围环境的影响。良好的学习环境使孩子的学习事半功倍，不好的学习环境则会对孩子的学习造成阻碍。

因此，孩子学习的时候，妈妈要努力为孩子制造良好的学习环境，让孩子在良好的学习环境中专心学习，发挥自己的潜能，取得更大的进步。

家庭是孩子的第一学校环境，是培养孩子良好学习习惯和性格的摇篮。调查发现，很多学习成绩不理想的孩子，正是由于缺少良好的学习环境。

对孩子来说，学校环境很重要，但是家庭环境也是保证学习好的很重要的因素。

孩子在安静的学习环境中和在吵闹的学习环境中的学习效果有明显的不同。妈妈为了实现“望子成龙、望女成凤”的愿望，积极营造一个良好的家庭学习环境是至关重要的。

良好的学习环境不仅可以为孩子的学习提供良好的学习氛围，还可以让孩子保持良好的心情，同时也有助于孩子学习习惯和生活习惯的培养，对孩子的学习和性格发展都有着很大的作用。

妈妈要积极地为孩子创设一个健康宽松、温暖和谐、积极向上的家庭环境，以期达到促进孩子好好学习的目的，这是向成功家教迈出的第一步。

专家给妈妈的建议

建议一：创建浓厚的家庭学习氛围

生活在什么样的家庭环境中，就会让孩子成为什么样的人。家庭是孩子最亲切的生长环境，妈妈是孩子的第一任老师。

妈妈要从自身做起，增加自己的文化内涵，努力为孩子创建一个良好的具有浓厚学习气氛的家庭环境。

林双今年9岁了，是个爱学习、爱读书的好孩子。她的爸爸妈妈都是知识分子，很重视对孩子的家庭教育。

林双刚开始上小学的时候，妈妈就立下了一条规矩：每天晚饭后半小时，全家成员安静地学习半小时，谁都不能例外，并且要持之以恒。直到现在这个规矩还在发挥作用。

每天吃饭后，妈妈都会主动地关掉电视，拿出自己的报纸或读物看，爸爸也拿出自己爱看的书进行阅读，在这样的熏陶下，林双当然也不甘落后了。

林双安心地做自己的作业，有时也会按照妈妈的指导看些有意义的书籍。这样的家庭环境让林双养成了不管在什么时候都能安心学习的好习惯，并且持续到现在。

孩子的模仿意识很强，妈妈的言行举止会成为孩子效仿的对象。如果妈妈爱学习，家庭学习气氛浓厚，孩子就会不自觉地养成爱学习的好习惯。

妈妈要以身作则，从自身做起，做爱学习的榜样，以实际行动督促孩子的学习。在这样的家庭环境中，孩子也会养成好习惯。

同时，妈妈要帮助孩子解决学习上遇到的困难，制造民主的家庭环境，让孩子大胆地说出自己的困惑，帮助孩子提高孩子的学习成绩。

建议二：为孩子创设安静的学习环境

孩子在安静的环境中学习不容易分心，能集中精力学习。妈妈要努力为孩子创设安静的学习环境。比如家所处的位置，孩子的房间，孩子学习期间妈妈看电视的音量等。

孟子的母亲虽然不是教育家，但是她的教育理念却应该被现在的妈妈所采纳。

为孩子创造安静的学习环境，有利于孩子保持愉快的心情，性格的完善，而且有助于孩子思考问题，提高孩子的学习效率。

每位妈妈都应该积极地想孟母学习，为家选择一个良好的位置，同时重视自家环境，当孩子学习的时候，可以安静地看书，而不要以噪声来影响孩子的学习。

建议三：为孩子营造和谐的家庭环境

孩子内心总是在寻求一种来自妈妈的安全感，这就需要妈妈为孩子营造一个和谐的家庭环境。只有在和谐的家庭环境中，孩子才能发挥自己学习的积极性。

很多妈妈只想努力为孩子创造一个物质条件优越的家庭环境，而忽视了孩子的心理需求。孩子需要来自妈妈的关爱和理解，优越的物质条件远不如妈妈的爱对孩子的影响大。

妈妈有责任和义务给孩子一个和谐的家庭环境。我们可以想象，妈妈关系不和谐、经常吵架的家庭环境对孩子心灵的影响该有多大。

孩子容易被周围环境影响，生活在这样的环境中很难不影响到学习。这就要求妈妈调整好自己的关系，给孩子宽松的心理环境。

建议四：为孩子准备好良好的硬件设施

孩子的学习需要适宜的温度、适宜的光线、固定的位置。研究发现，18°C 的环境孩子的思维最敏捷，35°C 以上则容易疲劳，低于 10°C 则会萎靡不振；

光线太强或太弱都不利于孩子的学习，淡蓝色和浅绿色是孩子学习的最好光线；固定的位置可以帮助孩子尽快地进入学习状态。

所以，妈妈要为孩子准备好良好的硬件设施，为孩子的学习做好后勤工作。

苦学不如好方法，让孩子掌握高效学习方法

家教现场

梁静雅今年上初三了，是个学习成绩很好的女孩。可是在其他同学看来，梁静雅并没有什么诀窍。

上课和别的同学一样听课，课下甚至比其他同学玩得还疯，但是学习成绩就是好。特别是对于很多同学来说很有难度的几何，她都能轻松应对。

这次考试后，梁静雅又考了年级第一，她的同桌实在忍不住了，问她："为什么你会取得这么好的成绩？"梁静雅和她分析了自己的学习情况，她有一套自己的高效学习方法。

梁静雅每天一定要抽时间预习新功课，带着问题听课，很重视 45 分钟的课堂，集中精力听老师讲课，争取当堂消化；课下该玩的时候就好好玩，以放松的心态来面对学习。

各方面都很和谐，梁静雅自然也就能够取得好成绩了。同桌听了梁静雅的话，知道了和她的差距，并说向她学习。

教育启悟

高效的学习方法是孩子轻松取得高分的基础和关键。一般学习成绩比较好的孩子都有一套适合自己的高效的学习方法。

妈妈帮助孩子掌握高效的学习方法，可以大大提高孩子的学习效率，起到事半功倍的作用，而且容易让孩子在好的学习方法中体验到成功的乐趣，从而进一步发挥自己的潜能，取得更大的进步。

很多人都说，学习没有捷径，只有踏踏实实地学，可是高效的学习方法却可以缩短孩子迈向成功的时间。

一位心理学家说过，良好的学习方法可以使得孩子发挥自己的天赋和才能，而拙劣的方法可能阻碍才能的发挥。

得鱼不如得渔，掌握了高效的学习方法远比默默无闻地死学有用。所以，每位妈妈都要为孩子积极地寻求适合孩子自身特点的高效的学习方法，让孩子的学习变成一种乐趣。

学习是一个很系统的事情，只有学习的各个环节协调一致才能让孩子的学习效率得到最好的发挥。

孩子掌握了高效的学习方法，会更加自信从容地面对学习的挑战，因此高效的学习方法不仅能够促进孩子的学习，还可以使孩子获得受用终生的素质。

专家给妈妈的建议

建议一：帮助孩子制定合适的学习目标

一位心理学家说过，一个铅球运动员在比赛的时候如果没有目标，那么，他的成绩一定不会很好。如果他心中有一个奋斗目标，铅球就会朝着那个目标飞行，而且投掷的距离就会更远。

对于孩子的学习也是一样，只有有了目标，才不会盲目地进行学习，才能有前进的方向和动力。

景飒是个好胜心很强的孩子，她总是希望自己的成绩能够遥遥领先。

景飒的学习成绩不是靠科学的学习方法得来的，而是靠自己在家苦学取得的。她的智力一般,所以学习中要付出很多的心血才能取得好成绩。

快到考试了，景飒加紧了学习，想这次在班里拿到第一名，这对于她有些难度，因为她一直在五六名左右。景飒一点都不讲究学习方法，只是闷头苦学，终于在一天晚上昏过去了。

妈妈通过和景飒聊天，帮助她制定了切合实际的学习目标，并劝诫景飒改变自己的学习方法，妈妈决定买一些书，帮助孩子制定一套高效的学习方法。

妈妈要为孩子制定适合孩子自身发展特点的学习目标。既要让孩子有足够的自信达到那个目标，还不能让孩子轻而易举地达到，这是让孩子掌握高效学习方法的一个重要方面。

建议二：帮助孩子制订科学的学习计划

对于孩子来说，学习是一门很高深的艺术，必须遵循它的规律才能达到很好的效果。但是孩子的经验毕竟不足，这就需要妈妈帮助孩子制订学习计划。

妈妈要注意为孩子制定合适的学习计划，计划过高一旦达不到就会对孩子的信心造成影响，影响学习的积极性，也不可偏低，让孩子厌倦学习，并且学习计划也不能定得太紧或太松。

此外，还要将孩子的长期计划和短期计划相结合。长远计划可以确定学习方向，而短期计划则可以更好的落实学习内容。两者有机结合，才能更好地提高学习效率。

建议三：强化孩子科学计划的执行力

有了好的学习计划就要认真执行，这样才能达到预期效果。有了计划而不去实施，结果无异于没有计划。

妈妈要做好孩子的监督工作，强化孩子的执行力，让孩子在实践中把握高效的学习方法。要教育孩子把自己的学习计划落实到每一天的每一个小细节，学习是一个长期的过程，孩子还应该做到持之以恒，不拖欠学习的账。

妈妈要随时监督孩子计划的执行情况，对孩子的表现给予一定的积极评价，以便激起孩子学习的热情和积极性。

孩子按照计划学习的时候妈妈不要吝啬自己的赞美，孩子没有按照计划执行的时候也不能一味地批评，而要适时保护孩子学习的高涨情绪，用鼓励的话激励孩子按计划执行，只有这样才算掌握高效的学习方法。

建议四：教给孩子科学用脑

科学用脑对于孩子学习效率的以高具有很大的帮助。妈妈要根据大脑的活动特点，合理开发和利用孩子的脑力资源，使孩子的学习更加高效。

李容今年上四年级了，在别人的眼里她是个很爱学习的孩子，课间休息的时间，同学叫她出去玩，她都舍不得，要在那里背单词。

以她的学习态度，肯定能考到班里的前几名。可是事实并非如此，李平的成绩在班里只能算是中等。这与她的“死学”有很大关系。

妈妈要让孩子认识到科学用脑所包含的内容，如：采用多种学习方法；不断地更换学习内容，减弱大脑的劳累；在学习期间也要参与一些体育活动，放松自己的神经；同时要多思考来锻炼大脑的灵活性等。

只要懂得了科学用脑，才会掌握高效的学习方法，孩子会发现学习、取得高分其实是一件很轻松的事情。

指导孩子科学地预习，提前进入学习状态

家教现场

晓敏今年9岁了，她是个爱学习，并且能很好地把握学习的规律。每次她的考试都在班里前几名。

这次开班会，老师让她做经验介绍，她特意强调了预习的重要性。以前她也是不重视预习，老师讲课时才接触到新内容，这样听起课来很吃力。

那次，写完作业时间还早，妈妈让她提前预习了一下老师讲的内容，晓敏第二天发现听起课来很轻松。

尝到预习甜头的晓敏把这个习惯坚持了下来。每天只需要拿出半小时的时间就可以在学习过程中少花费些时间。同学听了她的介绍，都效仿她的做法，学习变得轻松愉快了。

教育启悟

预习就是课前的自学，是孩子进入学习的第一步。随着孩子知识面的扩大，自学能力也会有所提高，预习是在课前对课本进行一般了解，

为听课做心理准备，可以提高听课效率。

预习使孩子对教材有一定了解，知道知识难点、疑点，确立课堂注意力的方向，使听课有目的性。同时，预习可以提高孩子的自学能力。

调查发现，学习成绩比较好的同学往往都有预习的好习惯，而成绩较差的学生这方面做的就比较不到位。很多学生都没有课前预习的习惯，而是把知识的获得寄托在老师的课堂讲授。

其实，预习在新旧知识中起着桥梁的作用，对于强化已学的知识和把握新的知识有很大的帮助。

预习作为系统学习的第一环，预习把握得好可以取得良好的学习效果。妈妈在指导孩子学习时，要把握好有效的预习方法。

课堂上的知识准备主要是通过预习来实现的，应该说它是决定听课效率高低与否的最主要的因素，是很重要的课前准备工作。

由于在预习过程中了解了新课的学习内容，排除了听新课的知识障碍，课堂学习也就主动多了。掌握科学的预习方法，能让孩子的学习提前进入状态，使学习效果事半功倍。

妈妈要指导孩子进行科学的预习。

专家给妈妈的建议

建议一：让孩子明白预习的好处

预习是进行学习的第一环，也是为课堂质量的提高做的准备。预习帮助孩子可以做好课堂上的知识准备，能够提高听课质量，也能够培养孩子的自学能力。

沙月是三年级的学生了，可是她最近老师抱怨学习跟不上了，老师上课讲的内容她都很吃力。妈妈知道是孩子没有好的学习方法，于是建议她每天都把第二天要学的知识预习一下。

预习是一种主动性的学习方法。她按照妈妈的指导，自己买了点参考书，按着参考书预习课本，有什么不会的东西就随时记下来，等到课上认真听老师讲解。

这样坚持了两个月，沙月的学习成绩大有起色，觉得学习是件快乐的事情了。以后老师讲授新课前她都提前预习，这已经成为她的良好的学习习惯了。

妈妈要让孩子认识到预习的重要性。古人说："凡事预则立，不预则废。"这里的"预"就是做好准备。

无论做什么事，没有一定的准备总是不行的，学习也是一样。所以说，课前是否进行过预习，对于听课的理解效果是完全不一样的。

妈妈要想让自己的孩子成为学习的主人，变被动为主动，就要指导孩子认识到预习功课的必要性，并采取相应的科学方法。

建议二：灵活安排预习的时间

每个人的学习习惯不同，所以预习的时间安排也有所不同。妈妈要根据孩子的特点及学习习惯给孩子灵活地安排预习时间。预习时间多长或过短都达不到理想的效果。

严丽是四年级的学生。随着学习的东西越来越多，越来越觉得有难度了。妈妈知道德国心理学家艾宾浩斯提出的遗忘规律：人们对于学习的新东西在第一天遗忘得最快，以后遗忘的速度会逐渐下降。

于是，妈妈就告诉严丽，要恰当地选择预习时间，最好是在讲授该知识的前一天晚上。这样，预习过的内容的痕迹还保留在脑海里，预习才真正起到作用。

同时，妈妈将严丽的预习时间安排就要和前面提到的学习计划的制订结合起来，督促严丽每天用 30 分钟的时间来预习，果然达到了很好的学习效果。

妈妈要指导孩子根据课余时间的多少及对每门功课的掌握程度来安排预习时间。对于学得比较轻松的功课可以适当减少预习时间，对于有难度的功课就要多花些工夫。

同时，还要结合孩子的实际情况，对于孩子感兴趣的科目也可以在预习时自主地深入研究。

建议三：检查孩子的预习效果

孩子的自制力不强，这就需要妈妈的监督。妈妈最好每天当孩子完成作业之后提醒孩子预习，并且要对孩子的预习效果进行检查。

妈妈要舍得付出自己的时间来给孩子，了解孩子的学习情况，每门功课的特点，孩子的强科和弱科，孩子的学习进度，让监督变得更有针对性。这样才能对孩子的学习起到真正的促进作用。

同时，在孩子预习的过程中妈妈不可过多地干预，给孩子自己思考的空间，避免孩子已有困难的问题就求助于妈妈，这样会让孩子产生依赖心理，也就削弱了预习的目的。

建议四：教给孩子科学的预习步骤

科学的预习方法是进入学习状态的关键。妈妈要帮助孩子制定有针对性的预习方法，科学地进行预习，才能达到预期的学习目标。

掌握科学的学习步骤才能让学习事半功倍，预习情况的好坏直接预习听课效率。科学的预习步骤又决定了预习情况的好坏。孩子的经验不足，所以妈妈要教给孩子科学的预习步骤。

妈妈可以教给孩子预习的过程中要读、思、问、记同步进行，要把第二天老师要讲的内容粗略地看一遍，有不懂的地方用笔勾画下来或是记到本子上。

妈妈不要强求孩子全部理解，即使有疑难问题也不要畏惧，只要把不懂的难点记下来作为听课的重点就可以了。但是对于新内容所牵涉的以前的知识，就要督促孩子一定要掌握。

正确、科学的预习步骤是每个孩子都需要的，是培养孩子自觉学习的好习惯的必经之路。孩子的经验不足，就需要妈妈用心地教给孩子科学的预习步骤，扫除孩子学习之路上的“拦路虎”。

妈妈适当躲避，让孩子独立完成作业

家教现场

雷蒙今年上一年级了。在他上学第一天，妈妈就决定好好培养孩子的学习习惯。妈妈会早早下班回家陪着雷蒙做作业。

妈妈以为牺牲自己的时间，好好陪着孩子学习，孩子的成绩技能很优秀。可是开家长会时，老师却指出妈妈的教育方式是不对的，她应该让雷蒙独立完成作业。

妈妈不太明白老师的理论，但也不好意思问，于是在网上查了一些教育方法，发现老师的话是有道理的。

于是，妈妈开始让雷蒙自己完成作业，而且，做完作业以后，还要求他自己检查。即使雷蒙要求妈妈帮助自己，妈妈也不会轻易答应。

一段时间后，妈妈发现，雷蒙写作业的速度提高了很多，做题的正确率也比以前有了很大进步，妈妈心里很高兴。

教育启悟

做作业是学习系统中不可缺少的一个方面，做作业可以熟练巩固自己已学的知识。

孩子做作业时，妈妈习惯于守在孩子身边，一方面是为了监督孩子暗示完成作业，另外一方面希望孩子在遇到问题时可以向妈妈请教，扫除作业上的拦路虎。

其实妈妈的想法是不正确的，这样会滋生孩子的依赖心理，把孩子的一切随时随刻的暴露在妈妈的眼皮低下，可能会给孩子增加无形的压力。妈妈应该走开，放手让孩子独立完成作业。

做作业的重点不是为了单纯地讲究对错，更重要的是为了培养孩子自信的品质和良好的学习习惯。

妈妈帮助孩子完成作业，对孩子学习的进步没有任何作用，即使孩子独立完成的作业有很多错误，也会锻炼孩子的动手能力和思考能力。

当孩子有不懂的问题向妈妈求助之后，就会让孩子养成不爱动脑子的习惯，也会让老师产生错觉，以为孩子已经很好地掌握了知识，这对于孩子的学习进步是起不到任何有益的作用的。

妈妈应该做的是，安静地走开，让孩子自己完成作业，实在不会时再来请教妈妈，并且要做好错题记录，避免类似的错误再次发生。

专家给妈妈的建议

建议一：让孩子意识到作业的价值

做作业是检验自己所学知识掌握情况的途径，做作业有助于进一步巩固和强化所学的知识，可以发展孩子的思维能力，锻炼自己解决问题的能力，同时可以帮助孩子清楚地认识到自己哪方面的欠缺并努力弥补。只有孩子意识到作业的价值，才会重视起作业。

于晓伟是个爱学习的孩子，他的学习成绩在班里一直都是前几名。可是以前他是个不爱学习的孩子，直到那次听了妈妈的话，他自觉地改掉了自己的坏习惯。

那个周末，很晚了晓伟才回到家，回家后才发现光顾着玩了，作业还没有做完。他冲妈妈撒娇，让妈妈帮他做，因为他实在太累了。

可是妈妈并没有按他的意思去做，而是很严肃地告诉他：“学习是自己的事，做作业的过程也是学习的过程，但是学到的知识是自己的，是别人无法取代的。”

妈妈为了晓伟让自己做作业，还严厉地批评了他，并告诉他，以后有关作业的任何事情，她都不再插手了。

看到妈妈生气的表情，晓伟意识到了作业的重要性，乖乖地去写作业了，并把独立做作业当成了自己的学习习惯。

有些孩子对作业存在一定的理解误区。孩子单纯地以为作业是老师布置的任务，只要完成老师的任务就行了，而不去重视做作业的过程。

有这样想法的孩子把做作业当成一件苦差事来做，自然不会取得好的学习效果。

建议二：培养孩子专注做作业的习惯

做作业最大的敌人就是注意力涣散，只有聚精会神地做作业才能避免出现作业马虎、审不清题意等现象的产生。

而且，孩子专注地做作业可以使孩子的学习更加省心，效果也比较理想，这样就能保证孩子有充分的时间去从事其他活动。

只有聚其精，会其神，孩子才能更容易成功。妈妈必须注意培养和训练孩子的注意力，帮助孩子养成专心致志的好习惯。

妈妈可以给孩子规定一个时间，让孩子在这段时间内只专心于一件事，时间一长，孩子就会养成专注做作业的习惯了。

建议三：纠正孩子作业马虎的毛病

马虎是孩子做作业时经常会出现的一种现象。孩子马虎会给生活和学习带来很大的困扰，会给孩子的成绩带来很大的损失。所以，妈妈要注意改变孩子做作业马虎的坏习惯。

妈妈要帮助孩子找到马虎的原因，并提出切实改正的方法。妈妈可以为孩子建立一个错题档案，让孩子经常把因为马虎做错的题目拿出来看看，逐步改掉自己的缺点。

总之，妈妈要有针对性地对孩子进行教育，这样才会起到好的作用。

建议四：不要让孩子滋生依赖心理

孩子刚踏入学校大门时，妈妈担心孩子是否能听懂课，作业是否会做，孩子大多喜欢坐在孩子身边，看着孩子做完作业，这样才放心，有时还会教些孩子不会做的题。

妈妈的这种心态是可以理解的，但是随着孩子年龄的增长，妈妈不可能每天都待在孩子身边，到时孩子会不适应妈妈不自爱身边的情况。

所以，从孩子小时候开始，妈妈就要学会适度放手，让孩子独立完成作业，避免孩子滋生对妈妈的依赖心理。

英明是个依赖心里很严重的孩子，这与妈妈对他的娇惯有关。每天妈妈都把陪英明做作业当成一件很重要的工作来完成。

妈妈给英明整理好书桌，拿出作业，然后坐在旁边看他做作业，有时候看英明思考问题，怕累坏了他的脑子，就自己做出来让孩子直接抄上结果。

久而久之，英明做作业就非得靠妈妈了，并且连妈妈在身边都不行。这次，妈妈出差了几天，发现孩子连作业都没做。这时候妈妈才认识到问题的严重，这让她很是头疼。

妈妈坐在孩子身边，看到孩子有不会做的题时会急着把答案告诉他，其实这样的做法不好，会使孩子养成不独立思考的坏毛病。

在以后的日子里，当他一碰到稍微难点的题目时，自己不动脑子坐在那里等待着妈妈的帮助。这其实就是依赖心理的产生。

及时复习，让孩子在遗忘之前记住

家教现场

崔琳琳是个学习不太好的孩子，今年上五年级了。她总是抱怨自己的脑子笨，老师讲的知识在考试时她都记不起来。

妈妈了解到，琳琳也知道复习的重要性，就是没法付诸实践。这样下去，琳琳的学习热情也会被消磨掉的。

妈妈认为，琳琳在家时间学习的主要内容就是复习和预习了，复习又是首要的。于是，她让琳琳每天拿出半小时的时间看课本，看课堂笔记，看辅导书。

妈妈帮她检查完复习效果之后，才能允许她做当天的作业。

一周过去了，琳琳发现自己的学习没有那么吃力了。孩子尝到了复习带来的好处，把这个习惯坚持了下来，学习成绩也有了很大的起色。

教育启悟

有位哲学家说过，复习是学习的母亲。要及时复习旧知识以巩固学习效果；要通过运用各种记忆法养成良好的记忆习惯，提高记忆效果。

很多孩子上完一节课后就觉得如释重负，其实这并不表示已经完成了学习任务。完整的学习过程应该是上完一堂课，抽出一定的时间对所学的知识及时总结和巩固，然后在通过做课下作业来强化。

很多孩子抱怨所学的知识遗忘得很快，通常第一天讲的知识几天后就会忘得差不多了，这也是孩子学习成绩上不去的学习。

复习的目的是为了巩固所学的知识，复习越多，所学的知识就会越巩固，复习还会深化知识，从复习中拓展所学知识。

复习能够帮助孩子把今天甚至以前的知识和明天要学的融会贯通。有的知识在课堂上只懂了一部分，经过复习反复推敲，对其才能有更深的理解。对一些难懂的知识，必须反复思考，才能真正领会。只有及时复习才能让遗忘无机可乘。

课后复习是孩子课堂学习的进一步深化，对于提高孩子对知识的掌握程度起着关键的作用，由于大多数孩子的复习是在家里进行的，所以妈妈要对孩子加以引导，帮助孩子掌握正确有效的复习方法。

妈妈要循序渐进，从提醒、督促过渡到让孩子自已独立复习，逐步养成会自学的好习惯。妈妈要督促孩子及时复习，让遗忘无处可乘。

专家给妈妈的建议

建议一：让孩子正确认识复习的意义

学到的知识不济事复习就会很快被遗忘。复习是克服孩子遗忘所学知识的良药，“温故而知新”，有利于原有知识的总结和深化理解，也有助于对新知识的吸收和丰富，是巩固知识的主要手段。

妈妈要让孩子明白复习的好处，只有体会到复习带来的好处，孩子才能重视复习，学习才能达到事半功倍的效果。

虹虹今年9岁了，妈妈很重视对她学习的指导，虹虹的成绩一直在班里都不错。每天晚上，虹虹回到家做作业之前，都会把白天所学的知识好好复习一遍，这样做起作业来省事多了，碰到有困难的就再回过头仔细复习一下。

以前的知识靠复习掌握的牢固了，对于新知识的消化也就快了。妈妈每天还都要检查虹虹的复习情况，一旦她没有复习好，妈妈是不会让她做作业的。

这样时间一长，它就成了虹虹的学习习惯，给了她很大的帮助，虹虹的学习成绩自然就会不错了。

课堂空间和时间的限制对孩子学习知识的理解和把握是初步和肤浅的，真正掌握知识还需要进一步的巩固。这就需要课后复习了，并且还要做到及时复习。

通过复习，可以加深孩子对知识的理解，做作业速度会加快，预习新知识时间就会缩短，第二天听课的效率也会提高。

良好的学习习惯的养成对于课堂学习也会起到一定的促进作用。所以，妈妈要督促孩子认识到复习的重要性，并使它成为孩子良好的学习习惯。

建议二：教孩子掌握科学的复习方法

妈妈对孩子“授之以鱼”不如“授之以渔”。方法是居于首位的。只有掌握了科学的复习方法，才能避免遗忘。

科学的复习方法要遵循客观规律，掌握科学的复习方法，让孩子有的放矢有法可循，能够使孩子的学习效率大大提高。

孩子的复习要针对学科的特点，比如语文要重视读写，外语要重视语音语法词汇，数学要重视逻辑思维，史地生要重视理解记忆，数理化要重视理论实践等。

妈妈在指导孩子复习的时候也要考虑孩子的身心发展特点，可以用分散复习来代替长时间的集中复习。这样孩子既不会疲劳也不会感到厌倦。

建议三：教育孩子要及时复习

当天学的知识要教育孩子当天复习，不能存在拖拉的心理。当天学的知识印象比较深，复习起来相对也比较轻松。及时复习就能帮孩子建议良好的知识框架，减少学习的障碍。

研究发现，学习知识后及时复习是巩固知识的最佳途径。因为孩子最初的遗忘速度是最快的，过段时间遗忘速度就会减缓。

妈妈要重视这个规律，督促孩子及时复习。在孩子做作业之前让孩子先把当天所学知识系统看一遍，然后再完善课堂笔记，还可以适当地看些课外辅导书，以便深化所学知识。

建议四：针对遗忘规律，帮孩子巩固复习效果

根据艾宾浩斯遗忘曲线，遗忘是在学习之后立即开始的，而且是最初进展最快，以后逐渐变慢。妈妈要针对遗忘规律，帮孩子巩固复习效果。只有这样，才能让孩子的学习变得轻松。

丹丹英语成绩老是上不去，她和妈妈说她根本就记不住单词。所以每次考试成绩都不理想。妈妈知道丹丹的复习策略没有掌握好。

这天，妈妈在书上看到了关于艾宾浩斯遗忘曲线，她决定利用这个规律帮助丹丹巩固复习。妈妈从让丹丹记忆英语单词开始，严格按照艾宾浩斯遗忘曲线来辅导她的学习。

随着时间的增长，丹丹的记忆能力有很大的提高，她的各科学习成绩都有很大的进步。

如果学习的知识过了很长时间才去复习，就已经遗忘很多，此时复习几乎相当于重新学习，需要付出大量的时间和精力。

因此，要求学生有复习时间的安排上要做到：当堂复习，当天复习，切忌“临阵磨枪”，考试前搞突击。

妈妈还帮助孩子制定一天复习、一周复习、一个月复习等的复习计划，督促孩子按计划完成。时间一长，孩子就会自觉地养成及时复习的好习惯了。

想要考好，妈妈要教孩子必要的技巧

家教现场

冉心的数学成绩不太好，经常连及格都达不到。妈妈给她下命令，这次数学考试要是再不及格，下周的零花钱就不给她了。

这下冉心有些紧张了。考试发下卷子来以后她先看了看，发现没有熟悉的题目，心里就有了点紧张。

冉心就按着试卷的顺序挨个做题，但是做了一会，她就回过头去在心里算着自己能得多少分，后边的会做几道题，可她怎么算也觉得自己不会及格，就更加紧张了。

冉心安慰自己冷静下来，安心做题，可是心却乱套了，思路一下被打断了。就连平时记得很熟的定理也给忘了。

同时，她也感觉到自己的脑子已经不听使唤了，后脑勺嗡嗡直响。这次考试冉心很是失败。

教育启悟

考试对于孩子来说不只是知识的考查，还是自身综合素质的考查。

但凡能够玩转考场的孩子，无不是既有了充分的知识准备，有把握了考试技巧的孩子。有着良好的知识储备，却考不出理想成绩的孩子大有人在。

考试是一个技能测试，妈妈总希望孩子能神奇般地获得高分，孩子一味地相信只要孩子学到了知识，就会在考试中争取到好成绩。

有些孩子可以做到，另一些孩子学习时并没有真正学会，还有些孩子掌握知识，但在压力下阻碍了思路。

掌握考试的技巧并不是天生的，是要通过老师、妈妈的帮助才能实现的。妈妈要把一些技巧在孩子参加考试前传授给孩子，让孩子在不断的考试中摸索出适合自己的考试技巧。

冉心考场上的表现是很明显的怯场。它与自己的心态有关。妈妈施加的压力也是导致冉心失败的原因。如果冉心妈妈换个态度和孩子说话或是冉心的心理素质好些，都不会出现孩子怯场表现。

考试不只是考察孩子的知识储备，也是在考察孩子的心理素质和考试技巧，掌握一些考试技巧，对于孩子争取高分是很有必要的。

掌握考试技巧的孩子往往对考试充满信心，会以积极的态度来对待考试，有时候会让孩子超常发挥。

专家给妈妈的建议

建议一：让孩子考试前保持良好的心态

随着考试的临近，多数孩子都会出现焦虑的心理状况，让孩子保持良好的心态就显得格外重要了。

其实孩子的知识储备差距不大，谁能保持好良好的心态谁就能玩转考场了。所以，妈妈要关注孩子的心理变化，让孩子保持良好的心态。

邱磊每次考试前都能保持很好的精神，从不会出现焦虑的情绪。这与妈妈的教育是分不开的。

每次在邱磊考试之前，妈妈知道邱磊本身就有压力了，就很体谅他的情绪。妈妈从不强迫邱磊必须考到第几名，而是让他放下包袱，正常发挥。

这次期末考试前，邱磊心理有压力，因为前段时间生病落了点功课，他害怕考不好。妈妈让他想想刘翔，他的压力和刘翔的压力相比又算得了什么呢。

听了妈妈的话，邱磊调整了心态，坦然地进入考场，发挥了自己的水平。

妈妈要让孩子相信自己的知识复习，不断地给孩子激励，让孩子把压力变成自己的动力，淡然地看待考试，避免怯场，因为怯场会导致孩子的心智活动受阻，使得孩子的水平和能力得不到正常发挥，从而影响考试成绩。

建议二：让孩子把握考试的基本技巧

妈妈要教给孩子基本的技巧，比如开始做考试题前，应该仔细阅读提示，这样孩子就不会遗漏重要的信息；孩子应该把每道题仔细地读两遍，通常问题中一个不起眼的词就会改变它的意思，因此也会改变答案。

对于多项选择题，孩子读问题时就要考虑可能的答案，然后寻找答案；告诉孩子一些绝对的词，如：总是、从来没有、完全没有，它们常常是错误的答案。

一些限定的词，如：有时、经常、几乎不、通常等，它们一般是正确的答案，策略地应试，首先做自己有把握的题目，不确定的题目做个标记，如果时间充足再回头攻克把握不准的。

这些技巧是适用于各门功课的通用技巧，只有把握并把这些技巧灵活地运用到考试中，才能保证孩子取得好成绩。

建议三：让孩子重视审题

孩子在做题之前，首先要审题。审题是保证做好题的关键。因审题失误导致孩子失分的例子不计其数。

妈妈要教育孩子把握好题目的要求，做好审题。告诉孩子不要害怕审题浪费时间，审题准确了其实就是为考试节省了时间。

审题时，要让孩子多看几遍原题，尽量做到有目的性和针对性，尽量发现题目中隐含的条件。同时要消除自己的思维定式，避免看到熟悉的面孔就按自己以前的思维来解题。

这样会让孩子不小心掉进出题者的“陷阱“，而是要细心发现题眼，做到用新思路看待老题目或是类似题目。

建议四：教给孩子合理分配答题时间

现在的考试一般都量大题多，越来越多的孩子抱怨不是不会做而是没有时间做完。其实是因为孩子没有合理安排考试时间，而这也是孩子得不到高分的主要原因。

常伟是个会考试的孩子，每次考试都在班里数一数二的。这与他懂得科学的分配考试时间有很大的关系。

妈妈经常教育他在考试时要先浏览一下试卷，然后做好时间分配方案。对简单的题目少花时间但是一定要拿到分，对很难的题目也要花费较少的时间，对于难度中等分值较高的题目尽量多用多点的时间。最后留出检查试卷的时间。

考试时间是有限的，想要在规定的时间内完成要答的题目，如何分配有限的时间就成为很重要的一个问题了。这也是相同的水平，考出不同的原因，会安排考试时间的孩子一般会取得比较理想的成绩。

为了在考场上从容不迫地分配时间，妈妈要在孩子平时的练习中有意识地锻炼孩子把时间分配好，在进行有针对性训练中积累经验，掌握高分的制高点。

建议五：做好充分的知识准备和身体准备

要想在考场上取得高分，做好充分的知识储备和身体准备都是关键。孩子只有把所学的知识掌握得很牢固了，才不会对考试产生畏惧的心理，才能从容应对考试，玩转考场。

同时，孩子在考试期间精力、体力都比平时消耗量大，妈妈要做好孩子的后勤工作，让孩子以健康的体魄和足够的知识面对考试。

减少功利阅读，培养孩子广泛的阅读兴趣

家教现场

晓岚今年上五年级了，是个很爱学习的孩子，但是她整日埋头于课本、作业、辅导书中，书架上也都是摆放的学习资料，而很少去涉猎其他类型的书。

妈妈觉得，这样下去有碍于晓岚综合素质的提高，妈妈想让她产生广泛的阅读兴趣。妈妈发现，晓岚没有阅读兴趣，是因为没有接触到各式各样的课外图书。

所以这个周末，妈妈带晓岚去了最大的图书城。晓岚一进书城，就想找和自己学习有关的图书，可妈妈却带她来到了自然科学类图书面前，她拿了一本畅销的图书给她看。

晓岚被里面的图画所吸引，入神地一连看了三本，还让妈妈帮她买了一本。这样，妈妈就经常带她来这里。

时间一长，晓岚的阅读兴趣从专业课拓展到了课外书籍，课外书籍还深化了她的学习。她也不是以前的“书呆子”了。

教育启悟

通过阅读来增加知识是孩子获得知识的重要途径。

孩子不断地阅读，把看来的知识内化为自己的知识结构，进而拓展自己的能力，同时阅读也能陶冶孩子的情操，使孩子在书的世界里放松自己的情绪。

此外，阅读也是孩子必备的一种基本学习技能，广泛的阅读可以让孩子领略到神奇的外部世界，为自己的学习增加乐趣。

每个孩子都会读书，但是很多时候，孩子的阅读带有应付考试的功利性，而不是发自自身的阅读兴趣。

功利阅读的孩子只会关注自己学习、考试要用的书，可是从兴趣出发的人读书则会博览群书，增加自己多方面的知识素养。

为了让孩子在阅读中获得更多的知识，妈妈要教育孩子减少功利阅读，注意从多方面培养孩子广泛的阅读兴趣。

广泛的阅读也是孩子自学的一个主要途径，自学能力的提高很大程度上取决于阅读能力的高低。

但是阅读能力的提高仅靠孩子在学校得到的还远远不够，这就需要妈妈在日常生活中重视培养孩子广泛的阅读兴趣，帮助孩子为以后的发展打好基础。

专家给妈妈的建议

建议一：让孩子知道广泛阅读的重要性

很多孩子不喜欢阅读或是不知道如何阅读，是因为没有意识到阅读的重要性。阅读是孩子获得基本知识技能，是孩子生活、学习中不可缺少的主要方式，也是孩子休闲、放松的重要方式。

通过阅读，可以提高孩子的学习技能。但是妈妈要注意让孩子养成广泛的阅读习惯，而不简单地为了应付考试才去阅读。

常湘君是个爱看书的小姑娘，虽然才上四年级，可是已经看了不少的书。她的书房里摆得满满的都是各式各样的书。湘君最初也不爱看书，直到她亲自体验到了阅读带给她的乐趣。

那次，学校进行知识竞赛，湘君凭借自己的知识获得了比赛的第一名，这是她第一次体验到阅读的好处。别人都夸她是个“小博士”。

在别人的称赞声中，湘君决定把这个好习惯发扬下去。不用妈妈提醒和督促，她都知道主动地阅读。

多让孩子体验阅读带来的愉悦，孩子体会到阅读的乐趣才会主动地去读书。学习成绩优秀的孩子一般都是通过阅读这条途径从知识的宝库里汲取营养，然后消化吸收的。

建议二：为孩子营造一个浓郁的读书氛围

妈妈如果本身就是爱读书的人，孩子就会在潜移默化中也养成爱看书的好习惯。妈妈要尽量为孩子营造一个浓郁的读书氛围。要和孩子一起陶醉在书的海洋里。

田田的妈妈是个爱看书的人，家里书房里有个很大书架，上面什么类别的书都有。妈妈平时就爱在书房里看书。

田田很小的时候看见妈妈看书，她就会好奇地问妈妈里面有什么东西，让妈妈那么喜欢。

于是，妈妈告诉她，书里面是另一个神奇的世界，田田的好奇心勾起来了，也要吵着闹着看。妈妈觉得这是教育孩子的好机会，就把儿童能看得懂的读物拿给她看。

田田兴奋得不得了，也爱上了看书。

为孩子营造一个爱读书的环境，孩子才会更加投入地看书。妈妈要做爱读书的人，以自己的实际行动来教育孩子养成爱读书的习惯。

此外，妈妈可以专门打造一个书房，里面摆方个书柜，摆上各种书籍，鼓励孩子多方面涉猎，使孩子的阅读兴趣逐渐提高，让孩子不带有任何功利色彩的读书，而是把阅读当成自己的一种爱好和习惯。

建议三：让孩子有明确的读书目的

对于孩子来说，大部分时间都是在学校度过的，每天还要做老师布置的作业，所以课余时间阅读的时间并不是很多。

这就需要制定明确的读书目的，让读书变得不再盲目。妈妈可以让孩子选择自己感兴趣的各类书籍，有目的、有计划地去读。

孩子读书有很多目的，有的孩子为了使考试通过，有的孩子是为了消磨时间，有的孩子是为了丰富自己的知识。

妈妈要尽力引导孩子为了增加自己的知识素养而读书，让有目的的读书成为伴随孩子一生的好习惯。

建议四：用表扬来激励孩子阅读

孩子习惯的养成需要妈妈的培养。孩子对于妈妈的评价很是敏感。妈妈的积极评价可能会促进孩子把好习惯继续下去。

相反，如果妈妈对孩子的阅读好习惯视而不见，孩子就会觉得得不到重视，阅读的兴趣就很难得到深化。

妈妈要抓住孩子的心理，当看到孩子阅读课外书的时候要积极地表扬孩子，还要为孩子买不同领域的书，同时也可以为孩子建立读书档案。

孩子一旦发现自己的阅读面增大了之后就会不自觉地产生成就感，孩子因为自己的知识获得某种荣誉时，妈妈也要及时的给予表扬。这样，孩子广泛的阅读兴趣有可能得到很大的提高。

建议五：让孩子学会做读书笔记

很多孩子都有这样的体会：一本书阅读十遍都不如写一遍的印象深刻。因为做读书笔记的时候，孩子的眼、心、手都在动，全体感官都参加，自然印象就更深刻。

妈妈要交给孩子正确地做读书笔记的方法，要勤用手中的笔，比如抄写书中的名言警句、精彩句子、公式、定义等。帮助孩子养成做读书笔记的习惯，会终身受益。

第八章

培养孩子好习惯，让孩子获得真正的幸福

劳动创造一切，让孩子养成爱劳动的习惯

家教现场

巧巧看妈妈正在扫地，上前夺过笤帚，也学着妈妈的样子扫。妈妈生气地说："这么小能干什么，还不如我自己做着清静，上一边玩去。"巧巧委屈地走开了。

后来，巧巧看见妈妈正在择菜，又想走上前帮忙，"走开，别碍事了"妈妈夺过巧巧手中的菜说道。

久而久之，巧巧再看见妈妈做什么，自己就在旁边玩，好像没看见似的。妈妈看巧巧不主动帮助自己，又埋怨说："看吧，不会做的时候要做，能做的时候又不做了吧？"

教育启悟

社会中一切美好的东西，都是劳动创造的成果，而人只有在劳动中，才能知道美好东西的来之不易，才会倍加珍惜劳动成果。

劳动能够使人得到想要的东西，帮助人走向成功。而好逸恶劳，则是万恶之源，引领着人踏向失败之路。

但是，现代社会的大多数孩子，都不热爱劳动，究其原因，有的是妈妈太娇惯孩子，什么事情都替孩子包办，结果孩子认为劳动都是大人的事情，与自己无关，从而养成好吃懒做的恶习。

还有的是一些妈妈想让孩子学着劳动，但看孩子常常帮倒忙，还常让自己费二道手，就嫌太麻烦；有时候还担心孩子小，怕弄坏了东西或者碰着了孩子，所以就哄着孩子去玩，不给孩子劳动的机会。这样孩子的劳动意识被妈妈打消，以后就不愿意主动干活了。

其实，3岁以前的孩子，对劳动有着强烈的好奇心与积极的意识，想帮助妈妈做任何事情，如果此时妈妈做好引导工作，耐心地教孩子如何劳动，孩子很容易就会养成热爱劳动的习惯，为将来的成功打下良好的基础。

不仅如此，孩子在劳动中体验到了辛苦，知道了妈妈的不易，就会关心妈妈，而且知道珍惜物品，养成节俭的好习惯。

同时，独立精神与责任心都会增强，动手能力也会跟着提高。所以，妈妈要在孩子小时候，就让孩子养成热爱劳动的好习惯。

专家给妈妈的建议

建议一：鼓励孩子做家务劳动

孩子小，虽然有劳动的热情，但有可能因不会做而受挫。妈妈要时常鼓励孩子去做家务劳动。

周末大扫除，妈妈正在擦玻璃，爸爸正在拖地，晶晶看着他们都忙得不亦乐乎，自己却不知道应该去做什么。

妈妈看见了晶晶站在那里看着他们，就递给她一块抹布，鼓励晶晶学着自己的样子，去把桌子擦干净，晶晶高兴地答应了。

很快家里全部打扫干净，那天晶晶在自己擦干净的桌上吃饭，心里特别高兴。

平时，妈妈应该鼓励孩子劳动，因为这样能够提高孩子的劳动技能，还会培养孩子责任心与独立的精神，避免孩子日后事事依赖妈妈。

建议二：教孩子一些劳动技能

孩子掌握了一定的劳动技能，在做事情的时候就会少受挫折，使孩子劳动的积极性增加。

萧玉美放学后，看妈妈没在家，就自己做米饭，因为平时妈妈没有特意教过她，结果米饭做成了一锅粥，为此玉美很懊恼。

妈妈回来后，看到女儿主动做了饭，先夸奖了她一番，然后就教玉美应该放多少米，倒多少水，以及蒸多长时间等等。

玉美掌握了做米饭的技能，试着又做了一次，果然做得很好。以后放学回家，还与妈妈争着做米饭呢。

孩子开始劳动，因为没有经验与技能，因此不会做得很好。妈妈应该耐心地教给孩子一些劳动技能，有了技能的支持，孩子做好了，日后才愿意并且主动去做。

建议三：让孩子知道劳动光荣

妈妈在日常生活中，有意识地给孩子讲述很多东西的来历，比如让孩子知道，粮食需要农民辛勤劳动耕种才会得来；住的高楼需要工人建造才能栖身；路面需要清洁工人打扫才会干净等。

妈妈让孩子知道自己的衣、食、住、行都是他人劳动所创造，使孩子认识到劳动的价值和光荣，告诉孩子没有劳动就不会有收获，这样孩子才会积极参与到劳动中来。

建议四：夸奖孩子劳动的行为

孩子刚学习劳动，肯定做得不太好，但妈妈要看到孩子的微小进步，并及时表扬。

友友见邻居家的孩子自己收拾房间，回家后也开始打扫自己的小屋子。因为友友从来没有干过，因此折腾了一上午，屋子里也没有干净到哪里去，友友因此有些烦躁，想放弃收拾房间。

此时，妈妈走进屋，见友友拿着笤帚扫地，当即夸奖说："啊，友友能自己打扫卫生了，太好了。"听妈妈如此说，友友脸上露出笑容。

然后，妈妈引导着友友如何整理，不一会儿房间就收拾得井井有条了。友友把邻居家孩子叫到家里，自豪地说："你看，房间是我自己打扫的。"

孩子在劳动时，有任何进步，妈妈都要及时夸奖，这样才能提高孩子劳动的积极性，有助于孩子养成热爱劳动的好习惯。

做朴素妈妈，培养孩子节俭的习惯

家教现场

新学期开始，珍珍去上学，发现很多同学背着名牌书包，穿着名牌新衣服，再看看自己，虽然浑身上下都是新的，但都没有牌子，心里有些难受，回到家后，也要求妈妈给自己买名牌。

妈妈没有直接拒绝珍珍的要求，而是让她看看自己身上穿的衣服。珍珍知道，妈妈的衣服都是几年前买的，因为家里经济条件不好，这两年就一直没有添加新衣服。

看着妈妈穿着旧衣服，再想想自己的行为，珍珍羞愧地低下了头，小声地对妈妈说了声："对不起，妈妈，我不要名牌了。"

教育启悟

现在社会经济发展迅速，人们的生活水平得到大幅度提高，妈妈给孩子的零花钱也越来越多，但却没注重对孩子节俭的教育。

结果，孩子在攀比风气盛行的社会里，很容易受虚荣心的不良影响，养成花钱大手大脚的毛病，形成随意浪费的恶习。

“成由勤俭败由奢”这句古训提醒人们，不管经济如何发达，节俭的理念都不过时，节俭的美德都需要保持下去。

因为无论个人拥有多少钱，如果生活铺张奢侈，随意浪费，总有一天会把钱花光，资源也是一样，浪费一点少一点。

因此，从个人方面来说，节俭的好习惯能够避免不必要的浪费，天长日久，就会积攒起一笔不小的财富，在提高理财能力的同时，也会促进自己的成功；对于国家来说，每个人每天节约一滴水，一度电……加在一起就是一个巨大的资源。

所以，妈妈要帮助孩子养成勤俭节约的好习惯。而首先自己要给孩子做一个朴素的榜样，从日常生活的小事里，让孩子在潜移默化中，习得节俭的行为。

其次，妈妈还要让孩子明白节俭光荣，告诉孩子它是一种永不过时的美德，不仅有利于个人，还造福于社会。

只要妈妈从自身开始节俭朴素，并在日常生活中对孩子严格要求，并且持之以恒地坚持下去，孩子就会养成节俭的良好习惯。

专家给妈妈的建议

建议一：妈妈给孩子树立起朴素的榜样

妈妈是孩子最好的榜样，不管家里贫穷或富有，妈妈各方面都要尽量做到朴素，这样孩子才能学会节俭。

小霞想买一个戒指自己戴，但看着妈妈手上没有，于是摸着妈妈光秃秃的手指问：“妈妈，你不喜欢戴戒指吗？还是咱家里没有钱？”

妈妈疼爱地看了小霞一眼，说：“不是妈妈不喜欢戴戒指，也不是由于家里没钱买，是因为戴上没有益处，而且妨碍妈妈做事。”

小霞听妈妈如此说，也不好意思提买戒指的想法了。

妈妈的行为举止，时刻影响着孩子。妈妈节俭，孩子才会跟着妈妈学习，即便孩子想花钱买那些没必要的东西，看到妈妈没有，孩子也会羞于出口。

建议二：教孩子认识到节俭的重大意义

节俭无论对于个人，还是国家，都有着很大的作用。妈妈让孩子从小学着节约每一分钱，时间长了，让孩子数数节俭下来的钱有多少，孩子看到那么多钱，就会深刻体验到积少成多的道理。

由此妈妈可以引导孩子节约电、水、粮食等，让孩子学着计算，如果十几亿人都这样做的话，会有怎样的结果。让孩子体验到个人的责任与义务，孩子才会从内心里想着去节俭。

建议三：给孩子讲勤俭节约的光荣传统

节俭向来是中华民族的光荣传统，就是因为有了老一辈人的勤俭节约与艰苦奋斗，才有了现在的美好生活。

磊磊吃饭挑食，不合自己胃口的东西拿起就倒掉。妈妈看着磊磊这个样子，就有意识地用粗玉米面蒸窝头，让磊磊品尝。

磊磊吃了一口就吐了出来，连声说“难吃”，妈妈就给孩子讲述几十前的困苦生活，告诉孩子人们窝头都吃不上，饿着肚子还要干活等等。

磊磊听后，虽然没有说什么，但以后浪费的行为减轻了许多。

妈妈有机会多给孩子讲述老一辈人勤俭持家的故事，让孩子学着忆苦思甜，能够帮助孩子学会节俭。

建议四：让孩子认识钱财的来之不易

孩子没钱了就找妈妈要，不知道妈妈挣钱的辛苦，所以才会花钱大手大脚，不去节省。

因此，妈妈要让孩子认识到钱财的来之不易，告诉孩子自己是做什么工作，以及工作多长时间才会换取多少钱。

有条件的话，可以让孩子参观自己工作的场所，看自己如何劳动，或者让孩子亲身体验这样做的劳累。孩子明白了每一分钱都是辛苦劳动换取，就不会再随意浪费了。

建议五：使孩子在生活中接受节俭锻炼

任何一种行为的养成，都需要在日常生活中长久锻炼才会形成，节俭的行为也不例外。

妈妈很早就教小飞学着节俭，比如水龙头不要开得过大，人离开屋子要关上电灯，不是必须的物品不花钱去买等。

这样，小飞慢慢地养成了节俭的好习惯。一次，到姨妈家走亲戚，他看见水龙头滴水，就急忙走上前把它拧紧，姨妈看到后，夸奖小飞是个知道节俭的好孩子。

妈妈有意识地从日常生活中，教孩子学会节俭，让孩子在小事中去接受节俭锻炼，才会形成孩子节俭的良好习惯。

时间胜过金钱，妈妈让孩子学会珍惜时间

家教现场

早上，妈妈一边做早餐一边叫小虎起床，喊了几声，小虎才磨蹭着从热被窝里坐起身，拿起衣服左右看了好大一会儿，才往身上穿。

妈妈做好饭了，小虎刚穿好衣服，还没洗脸、刷牙呢。妈妈急忙给孩子倒好洗脸水，挤上牙膏，递给小虎，让他快些刷牙、洗脸。

小虎一边刷牙一边玩水，妈妈在旁边看着很着急。好不容易洗完了，刚端起饭碗，小虎看见了玩具，又放下筷子拿起了玩具。

每天几乎都是如此，浪费了很多时间，妈妈为此很焦急，却无计可施。

教育启悟

有人把时间比作金钱，有人把时间看似生命，这些人很小的时候就知道时间一去不复返，多少钱财都换不来。

所以，珍惜当前的每分每秒的时间，勤奋学习科学知识，努力提高自己各方面的能力，一生兢兢业业，结果一生做出了很多的成绩，成为成功人士。

生活中也有很大一部人，不知道时间的重要性，小时候贪玩，不知道好学上进，长大了又得过且过，让大量的时间无声地白白溜走，最终

是碌碌无为一生。

而到年迈体弱之时，再后悔没有珍惜时间，已经太迟，因为已没有能力与足够的时间去做事了。

时间如此珍贵，但因为孩子小，意识不到时间的重要性，更不知道如何珍惜时间，因此常常做事情的时候左顾右盼、磨磨蹭蹭，玩起来就不知道停止。

而妈妈如果认为孩子小，磨蹭正常，对孩子玩耍时间也不去限制，让孩子在无形中浪费了大量时间，还形成了拖拉的恶习。

所以，妈妈要尽早给孩子树立正确的时间观念，让孩子知道时间的重要性，改掉磨蹭的毛病，教孩子珍惜分分秒秒。

同时，要教孩子学会高效地利用时间，使孩子在有限的时间内，各方面得到大幅度提高，帮助孩子走向成功、迈向胜利，成为一个有益于社会的人。

专家给妈妈的建议

建议一：让孩子认识到珍惜时间的重要性

妈妈让孩子认识到珍惜时间的重要性，就要让孩子知道时间有限，而且永不停留，一去不复返。

妈妈要让孩子明白，只有抓住当前的分秒时间，才可以做更多的事情，才会出更多的成绩。如果故意浪费时间，将会受到时间的惩罚。

妈妈把这些道理说给孩子听，同时以古今中外名人珍惜时间的故事，来激励孩子，孩子就会学着珍惜时间。

建议二：教孩子按任务轻重缓急安排时间

孩子能否够高效地利用时间，节省时间，与是否会安排事情顺序有很大的关系。

彤彤先前不知道如何安排学习时间，因此学习效率很低，总感觉到时间不够用。妈妈为了提高孩子利用时间的效率，每天都教孩子根据学习任务的紧迫性与重要程度不同，排列一个先后顺序。

结果一段时间之后，彤彤的学习成绩提高了，而且时间也节省了不少。彤彤体验到这样做的好处，以后不用妈妈提醒，都能够每天安排好自己的学习任务。

妈妈告诉孩子，要把最重要的、最紧迫的事情安排在前面，然后再按重要程度与紧迫性的不同，进行先后顺序排列。

这样，孩子把重要紧迫的事情做好了，不重要的事情最后没有时间不做也没有关系，因此可以高效地利用时间。

建议三：帮孩子改掉拖拉、磨蹭的不良习惯

孩子做事情磨蹭，有孩子自身的原因，也是妈妈没有足够重视的结果。

芝芝随妈妈一起上街，她一边看一边走，速度很慢，妈妈就在前边等。想催芝芝快一些，又怕累着了她，于是干脆背着她走。

结果背了一段距离，芝芝下来之后，走路的速度更慢了。此时，妈妈才明白，芝芝是有意磨蹭，目的是想让自己背着她走路。

于是，妈妈不再提醒芝芝走快些，只管在前面大步流星地走，结果芝芝在后面看妈妈走得快了，也只好小跑着跟了上去。

孩子磨蹭、拖拉，很多是故意的。因此，妈妈要想让孩子提高速度，就要使孩子体验磨蹭的后果，接受拖拉的惩罚，这样才能帮助孩子有效地改掉磨蹭的习惯。

建议四：教孩子学会最大限度地利用时间

生活中的很多时间是在不自觉中被浪费的，也有一些时间是没有进行合理分配，结果导致孩子不能最大限度地利用时间。

小朋总跟妈妈抱怨说，自己学习时间不够。妈妈仔细计算了一下，孩子一天来回坐车等车，就浪费了两个多小时，于是她帮助孩子制作了很多卡片，上面写着单词，让孩子装在兜子里，在等车时看。

结果，小朋的英语单词，都是在等车时背诵的，这样节省了大量背单词的时间，用于学习别的内容的时间就充裕了。

一些时间虽然看似很少，但积少能够成多。

如果妈妈帮助孩子抓住了这些点滴时间，教孩子最大限度地利用时间，或者让孩子利用最佳的学习时间去记忆最难的内容，那么孩子的学习效率就会提高，学习时间就会变得充裕。

妈妈爱读书，引导孩子爱上读书

家教现场

韩玉梅是初二的学生，每天放学回到家，她就打开电脑玩游戏，要么就是与别人QQ聊天。

妈妈感觉孩子上网没有多大用处，就推荐玉梅去读四大名著，并且去书店给她买了回来。但韩玉梅只翻了几页，就把它放下了，说自己看完了。

妈妈问她四大名著都是什么，作者是谁。书就在眼前，韩玉梅都懒得看一眼，还对妈妈说："告诉你看过了就看了，你就别考验我了，耽误我打游戏。"

看着无可救药的女儿，妈妈悔恨自己没在玉梅小时候引导她看书。

教育启悟

书籍是人类进步的阶梯，传承着几千年的文明，蕴藏着无限的知识、智慧。

如果养成爱读书的习惯，经常去博览群书，能够提高写作水平，丰富内心世界，增长知识才干，学会对人处事等，总之，能够使一个人活得更加精彩、充实、快乐。

现在的很多孩子，喜欢读书的极少。出现这样的情况原因很多。有的孩子喜欢看课外书，但妈妈害怕孩子这样做，耽误学习时间，影响以后的升学考试，于是就限制孩子读课外书。

再一个，现在生活水平提高了，娱乐活动增多了，比如电视剧、电影、电脑游戏等，充斥在生活中，以其新颖、刺激等吸引着孩子的眼球。

如果再加上妈妈不喜欢看书，家里又没有藏书，孩子认为读书枯燥，没有意思，就导致孩子不喜欢读书。

其实，妈妈引导孩子爱上读书并不是件难事，首先自己端正态度，不但不去限制孩子看课外书，同时还要鼓励孩子去阅读；其次是自己要喜欢看书，家里要藏有课外书籍，给孩子创造一个读书的氛围。

再次，妈妈可以根据孩子小时候好奇心大、喜欢问为什么、爱好听故事等特点，引导孩子从课外书中找答案，或者自己讲完故事后，也让孩子给自己讲个故事等方法，让孩子慢慢地喜欢上读书。

专家给妈妈的建议

建议一：给孩子做个热爱读书的榜样

妈妈如果有热爱读书的良好习惯，孩子也会喜欢上读书。

晚饭后，妈妈收拾完毕，拿起一本书看了起来，3岁的小雅跑到妈妈的面前，也吵嚷着要看书。妈妈告诉孩子说："你现在还不识字，所以看不了书。""那你告诉我书里都有什么？"小雅迫不及待地问。

妈妈就给孩子讲起了白雪公主与小矮人的故事，小雅听得如痴如醉。从此以后，小雅每天都缠着妈妈给自己讲故事，还吵嚷着让妈妈教自己识字，以后自己读故事书。

妈妈喜欢看书，孩子耳濡目染，也会跟着学习。如果妈妈本人不读书，而要求孩子去读书的话，孩子有可能会理直气壮地拒绝。

建议二：经常带孩子去书店或图书馆

除了家里放有各种课外书籍外，妈妈最好经常带孩子去书店或者图书馆，让孩子知道有那么多人喜欢读书，使孩子感受读书的氛围。

然后叫孩子去看自己喜欢的书籍，大饱眼福一顿。最后再挑拣几本孩子最喜爱的书籍买下来，或者借回去看。这样久而久之，孩子自然就会喜欢上读书。

建议三：激发孩子阅读课外书的兴趣

有些孩子生来喜欢读书，而有些孩子需要妈妈激发读书的兴趣。

小刚不喜欢读书，但乐于助人。妈妈为了激发孩子读书的兴趣，就买回家几本故事书，让小刚帮自己看一下，从中选出两个最有意义的故事。

小刚虽然不爱看书，但看妈妈忙，于是拿起故事书看了起来，他挨个认真地看，被里面的许多小故事吸引，不自觉地投入了进去，兴致越来越高。以后妈妈买回什么书，他都争抢着要先看。

孩子没有读书的兴趣，很多时候是根本没有去看书。因此，妈妈引诱孩子体验一下读书的乐趣，激发出孩子读书的兴趣，孩子就会爱上读书。

建议四：让孩子体验读书的轻松快乐

孩子读课外书，妈妈不能像要求孩子学习课本那样严格，把生字词都要记住，写出段落大意等。

在开始的时候，妈妈最好选择一些有趣的书或者故事给孩子随意阅读，然后鼓励孩子把看过的内容讲给自己听，这样妈妈既能检查孩子读书的情况，又避免了使孩子厌烦。

孩子把读书当做一种休闲，在其中体验到了轻松快乐，才会喜欢上读书。

建议五：指导孩子有选择性地去阅读

虽然妈妈对孩子的课外读物不能限制，但因为现在图书垃圾太多，孩子认识不清，如果任由孩子自己选择，有时候可能会误读一些不良书籍，从而影响孩子的身心健康。

因此，妈妈要指导孩子有选择性地阅读课外读物，对那些经典作品或者名著，有意识地引导孩子去精读。

同时，妈妈还要让孩子学会博览群书，以弥补课本的不足，这样对孩子日后的发展会更加有利。

储蓄好处多，培养孩子定期储蓄的习惯

家教现场

小海是三年级的学生，花钱大手大脚，不知道节省，每天妈妈给他的零花钱，他都能花得一分不剩。

妈妈为了让小海学着节俭，就买回一个储蓄罐，并且告诉小海，如果平时节省下来一些钱，到月底达到了规定的数目，就可以得到奖赏。

小海听妈妈如此说，以后花钱就开始算计，不再去买玩具与零食，结果第一个月就达到了妈妈规定的储蓄目标。

小海要求妈妈周末带自己去游乐园，作为对自己的奖励，妈妈答应了，小海高兴极了。玩的时候，小海心里还想着，如何节省钱去实现下个月的储蓄目标。

教育启悟

现在生活水平的提高，使得孩子手中的零花钱越来越多，一些孩子控制不住自己购买的欲望，结果把钱花在了很多没必要消费的地方，而需要钱做正事的时候，手中却分文不剩了。这样时间久了，孩子就会形

成花钱大手大脚的毛病，影响孩子今后的成长与发展。

因此，妈妈应该尽早让孩子节省着花钱，教孩子学会储蓄。一般来说，孩子还小，认识不到储蓄的意义与好处，不知道储蓄对自己的重要性。

因此手里有了钱就随便乱花，没有钱就找妈妈去要，不愿意储蓄。这就需要妈妈激发孩子对储蓄的兴趣，让孩子主动节省。

根据美国专家的建议，孩子最好有三个储蓄罐，各有不同的用途。妈妈可以带孩子一起去市场，让孩子选择自己喜欢的储蓄罐。

同时，妈妈还要给孩子定一个储蓄的目标，孩子按时达到了目标，就给予孩子奖励，以强化孩子储蓄的行为。而孩子储蓄的零花钱如果数目很大，妈妈可以带孩子一起去银行，以孩子的名字开一个户，让孩子体验自己有钱存在银行的自豪。

妈妈还要让孩子知道，钱存在银行里会有利息。孩子看到钱放到银行里不动，竟然就会多出钱来，心里自然十分高兴。这些都会刺激孩子储蓄行为的继续，帮助孩子养成定期储蓄的习惯。

专家给妈妈的建议

建议一：帮助孩子做好储蓄的准备

孩子手里有了钱，普遍都是控制不住自己，把钱花得一分不剩，不知道节省，不愿意储蓄。

所以，妈妈要让孩子学着储蓄，最好带孩子去市场，购买孩子喜欢的储蓄罐。这样能够增加孩子对储蓄的兴趣，因为是孩子自己喜欢的东西，他就愿意把钱主动地放进去。

建议二：让孩子运用储蓄优先原则

孩子与大人一样，手里有了钱，都是倾向于花费后把剩余的钱储蓄，但最后打算储蓄时，却发现钱都花完了。

妈妈让孩子学着运用储蓄优先的原则，先把要储蓄的钱拿走，这样就避免了最后没钱储蓄的情况发生了。

妈妈给松松买了储蓄罐，让他把剩余的钱放进罐里，松松答应了。结果一个月过去了，妈妈看储蓄罐里有多少钱，结果一分钱也没有。

妈妈就问松松："为什么没有存钱呢？"松松说："自己想着储蓄了，但零花钱到最后就花没了。"

无奈，妈妈每次给松松零花钱之后，让他先把要储蓄的钱拿出来放进储蓄罐里，剩余的钱再分配如何花。这样一个月之后，松松的储蓄罐里已经有不少的储蓄了。

建议三：给孩子制定合适的储蓄目标

妈妈给孩子制定的储蓄目标，要同孩子商量，不能时间太长，目标要切合实际，否则会打消孩子储蓄的积极性。

小烛的妈妈告诉孩子说，如果他能把零花钱节省下来，储蓄一年达到一千元钱的话，妈妈就带他去北京。北京是小烛十分向往的地方，于是他十分高兴地开始节省储蓄。

但是，一年的时间毕竟太长，小烛慢慢地失去了储蓄的兴趣，不再去想着储蓄，结果到了年底，还是最初一个月所储蓄的那几十元钱。

妈妈要帮孩子制定一个短期，且容易实现的储蓄目标，孩子能够轻易地达到，那他储蓄的兴趣就会增加。

建议四：让孩子拥有自己的银行卡

孩子储蓄的钱达到了一定的数目之后，妈妈最好带孩子去到银行，以孩子的名字办一张银行卡，让孩子拿着，并教孩子学会存钱与支钱。

这样孩子会特别自豪，感觉自己像大人一样了，储蓄的积极性就会更高。

建议五：让孩子体验钱生钱的好处

钱存到银行里，会有利息。妈妈让孩子看到当初存入银行的数目，如果没有取出来花费，隔一年之后再去查看，就会发现自己存进去的钱增多了。

妈妈此时就可以给孩子讲有关储蓄利息的知识，孩子体验到钱生钱的好处，就更加愿意储蓄了。

建议六：引导孩子用储蓄合理消费

储蓄的钱，最终是用来花费的。如果孩子只存不花，或者只花不存，都不利于孩子理财能力的提高，不能帮助孩子积聚更多的钱财。

所以，妈妈既要教孩子定期储蓄，同时也要让孩子学会用储蓄的钱合理消费。

妈妈不乱花钱，孩子才会理性消费

家教现场

小仁随妈妈一起上街，看着眼花缭乱的商品，听着商家降价处理的吆喝声，忍不住停下来观看。

小仁拿起一个发卡，卖东西的人急忙夸奖小仁有眼光，说那个发卡十分漂亮，虽然小仁头发短，用不着，但经不住商人的忽悠，准备掏钱买。

妈妈看见了，急忙拉着小仁离开，并且告诉她，这是商人卖东西的手段，天天说是降价处理，天天是一个价钱，一点都不便宜。

同时，妈妈还让小仁明白，如果不是需要的东西，再便宜买回去也没有用等。听了妈妈这番话，小仁仔细想了一下，觉得很有道理，慢慢地学会了理性消费。

教育启悟

现在的孩子，大多都是独生子女，妈妈对孩子普遍娇生惯养，有求必应，再加上生活水平的提高，妈妈给孩子的零花钱也越来越多，而对孩子的花费却不去关注与限制。

这样孩子手中有了钱，本身自控能力差，又加上广告宣传的引诱，商家降价处理的忽悠，新颖东西的吸引，或者盲目攀比的心理等原因，去盲目消费。

很多时候手中的钱花完了，买的却是不实用的物品，而需要的东西却没有买，把钱都浪费了。

这样做，不利于孩子学着节俭，不能提高孩子理财的能力，还容易使孩子形成大手大脚的恶习，对孩子将来的发展不利。所以，妈妈要帮助孩子学会理性消费，使孩子把每一分钱都用当所用。

要达到这个标准，妈妈首先自己不能胡乱花钱，给孩子做一个好榜样，教育孩子的时候才能收到好的效果。

其次，要让孩子根据手中零花钱的多少，做一个预算，列出必要物品的消费清单。实际花费的时候，要严格按照计划去做，不能有太大的出入。

除此之外，妈妈还要让孩子知道妈妈挣钱的辛苦，教孩子避免广告误导、打折吸引而去冲动消费。

让孩子买必需的物品时，学会货比三家，掌握砍价的技巧等，这样，孩子才能买到物有所值的实用商品，使每一分钱都发挥出它最大的价值。

专家给妈妈的建议

建议一：妈妈以身作则理性消费

妈妈是孩子最好的榜样，如果妈妈随便花钱，孩子也会跟着妈妈学会乱花钱的习惯。

英英妈妈学习开车，两个月之后拿到了车本，因此十分高兴，花了几百元钱请朋友吃饭，当时英英一起去了。

几天之后，妈妈发现家里少了将近二百元钱，一问英英，才知道是英英因为成绩考到前五名，请同学吃饭庆祝拿走的。

妈妈十分生气，问英英为什么花那么多钱去请人吃饭，没想到英英张口道："不是跟你学的吗？"妈妈此时想到自己请客花去几百元钱，顿时哑口无言。

妈妈的一言一行，孩子都会看在眼里，并且模仿学习。因此，妈妈让孩子学会理性消费，首先自己就要给孩子做个表率。

建议二：让孩子知道挣钱的辛苦

虽然说现在的生活水平提高了，但每一分钱也都是来之不易。妈妈要让孩子节省着花钱，学着理性消费，就要让孩子知道自己挣钱的辛苦。

可以通过让孩子参观自己的工作场所，或者利用假期让孩子去勤工俭学，使孩子亲身体验挣钱的不易，能有效地减少孩子冲动消费的行为。

建议三：引导孩子学着计划消费

妈妈给孩子零花钱之后，引导着孩子制订购买计划，让孩子按着计划去消费，这样可以减少孩子不必要的花销。

妈妈平常给钱鹏超零花钱，无论给多少，他出去一趟，回家就会一分不剩，花得一干二净，而买回家的大多都是些无用的东西。

面对鹏超花钱如流水的情况，妈妈就教他制定消费计划，和他一起列出那些必须要买的物品，并要求鹏超严格按计划执行。

鹏超虽然看见什么东西还有要买的冲动，但一想到计划里没有，就控制住自己，结果再也没胡乱花钱了。

计划的好处就是有据可依，孩子只买计划里的东西，因此能够避免孩子盲目消费。

建议四：克服孩子盲目攀比心理

一些孩子之所以花钱没有节制，是因为受到不良攀比心理的影响。

新学期开始，妈妈给坤坤买了一个新书包，开始时坤坤还很高兴，但第一天放学回家就垂头丧气，说班里同学大多背的都是名牌书包，要求妈妈也给自己买一个名牌。

妈妈给坤坤讲不良攀比的害处，引导坤坤去同别人比学习、比能力，让他明白只有成绩好、有能力，才是最有面子的事情。

于是坤坤放弃了要名牌书包的要求，开始用心学习。

妈妈要让孩子认识到盲目攀比的害处，以克服不良攀比的心理，减少不必要的花费，学会理性消费。

建议五：教孩子掌握砍价的技巧

买孩子必须要用的物品，妈妈可以带着孩子多去几家商场转悠，让孩子比较同类商品的质量，教孩子学着讨价还价，让孩子明白商家的心理以及掌握砍价的技巧。

这样孩子就会买到物美价廉的实用商品，能够节约不少钱财，避免了不必要的浪费。

让孩子学会助人为乐，孩子会更快乐

家教现场

花花与邻居家的孩子小营发生了矛盾，两个孩子互不搭理，这样一直僵持着。

一天，花花玩到天黑，回家后对妈妈说："我看小营一个人在门外哭泣，可能是他爸妈都没在家，真是活该。"

妈妈听花花这样说，反问道："如果你处于小营现在的处境，你希望别人怎么做？"

花花想了一会说："希望有人帮助我。""那么，你把小营叫到家里来吃饭，等他爸妈回来再把他送回去，好吗？"花花答应了。

这样两个孩子吃完饭，又在一起愉快地玩了起来。矛盾化解了，友谊变深了，花花因此十分开心。

教育启悟

乐于助人就是看见别人有什么困难，主动自愿地上前协助。乐于助人的品质会使自己更快乐，人际关系更和谐，得到的机会更多，获得成功的可能性也更大。

但是，生活中有很多孩子，对别人出现的困难漠视，不知道在别人需要时及时搭把手，归根结底是因为孩子在家里一直处于被照顾的地位，因此不会关心别人，缺乏爱心，形成了自私自利的性格，有着事不关己，高高挂起的心态。

这样的孩子容易被孤立，内心也会很孤寂，不利于孩子身心健康的成长。同时也会阻碍孩子与别人良好关系的形成，还会因此妨碍事业的成功。

所以，妈妈在孩子小的时候，就要注意培养孩子乐于助人的高尚品质，让孩子生活在爱与被爱的和谐氛围里。

这需要妈妈从几方面做起：用好人好事的榜样去感染孩子，唤起孩子的同情与关爱之心；让孩子学会体察别人的难处，学会主动去帮助他人。

同时，妈妈要教孩子根据别人的真实需要帮助，并且做到量力而行，以避免适得其反，给孩子带来不必要的伤害等。

专家给妈妈的建议

建议一：提醒孩子在生活中关心大人

妈妈在给孩子无私的关爱与照顾时，从来不要求孩子有什么回报，这是母爱的伟大体现，但妈妈这样做，并不利于孩子的成长。

洋洋的妈妈下班后，感觉到头有些痛，就躺在了床上，她有些口渴，但不想动弹，就叫正在打游戏的洋洋给自己倒杯水。

洋洋听见了妈妈说话，还是聚精会神地玩，过了一会才回答妈妈说："我正在忙呢，你自己去倒吧。"

妈妈本身头就痛，听了洋洋这句话，心酸得眼泪都要流下来了。她没有想到，自己精心护理大的女儿，却连自己生病时一杯水都懒得去端。

由于妈妈一直奉献，孩子只知道索取，这样就容易使孩子形成自私自利的心理。所以，妈妈在照顾孩子的时候，要时刻提醒孩子去关心自己，这样有助于孩子形成关爱他人的品质。

建议二：用助人为乐的榜样感染孩子

助人为乐是种习得行为，妈妈让榜样去感染孩子，孩子也会学着去帮助他人。

芊芊小时候因过于受宠的缘故，特别自私，有了好吃的东西从来不给别人，更别说让她去帮助别人。

后来，妈妈有意识地给芊芊讲助人为乐受人爱戴的故事，引导她去思考为什么这样的人会受欢迎，并且让她看“感动中国”的节目。

这样，芊芊开始转变自己的自私心理，试着与人分享并帮助别人。看到孩子的这些进步，妈妈十分高兴。

生活中，有很多助人为乐的事件发生，媒体里也多有报道，妈妈可以经常给孩子讲讲这些故事，让这些事件感染孩子，孩子也会慢慢地学会乐于助人。

建议三：教孩子看别人有难主动上前

留心生活，会有很多遇到困难需要帮助的人。妈妈要教孩子看到别人有难，就及时上前搭把手，让孩子通过点点滴滴的小事，形成乐于助人的品质。

妈妈送欢欢坐公交上学校，过了一站地，上来一个残疾人。座位上的人有些装作没看见，有的假装在睡觉，坐在后面的欢欢也看到了那位残疾人，见前面没有人让座，自己也没有动。

站着的妈妈引导欢欢说：“孩子，那个叔叔腿有残疾。”欢欢心领神会地站起身，搀扶着那位叔叔到自己的座位上。车内很多人投来赞赏的目光，妈妈也给了孩子一个赞美的微笑。

有时候，孩子看到别人有难，却不知道是否应该上前，妈妈此时要引导孩子主动去提供帮助，时间久了，孩子就会形成助人的习惯。

建议四：让孩子助人时学会量力而行

有时孩子看别人向自己求助，或者是别人有难想去主动帮助，但因为能力受到限制，或者别的一些原因，有可能会伤着自己，或者反而会越帮越忙。

遇到这种情况，妈妈要教孩子学会量力而行，不能因为助人为乐而损伤自己，也不要因为好心助人却为别人增添了麻烦。

第九章

良好的心理是成功的开端，帮助孩子成功

培养自信心，让孩子获得成功的动力之源

家教现场

方明宇从小就想当一名空军，妈妈知道小宇这个梦想，当小宇学习上亮红灯的时候，妈妈就会以此提醒他，小宇总能及时调整自己，不断为目标奋斗。

小宇的立体空间感不强，因此在几何学习上有点困难。妈妈说："当空军空间感不强可不行啊。"

小宇在家里摆了很多几何模型，还特别注意外面的建筑物，对物体尽量从整体上去感觉，平时多做点几何题，渐渐地几何空间感就增强了。

小宇有很强的自信心，他始终相信，只要自己努力，就能实现愿望。

教育启悟

自信不是技能、不是能力、不是智慧，自信是一种积极的心理状态。有了自信就可以拥有高超的技能、卓越的才智，就能够一步步战胜困难、失败，走向成功。

一位哲学大师曾说过这样的话："谁拥有自信，谁就成功了一半。"

可见自信对于一个人成功的重要性。

自信的人浑身充满力量和光辉，自信的孩子身心比较健康，能够经得住生活中的不测和打击，能够理智地面对自己和周围的一切，目标比较明确、坚强，做事能持之以恒，有种不达目的决不罢休的气概。这是成就任何事情都不可缺少的品质。

很多事情不是孩子做不到，而是孩子没有信心。缺乏信心比缺乏能力和知识更可怕。在孩子的成长过程中，会遇到很多问题和事情。

如果孩子对自己没有信心，认为自己什么都不行，担心自己会把事情搞砸了，什么都不敢尝试，孩子就永远没有成功的机会。

有信心的孩子，即使面对自己不熟悉的领域，只要他坚信自己能克服，愿意去做，就能充分发挥自己的积极主动性，认真努力地去完成。

培养孩子的信心，对于孩子的积极乐观成长很有帮助。因此，妈妈应该在孩子小的时候，就培养孩子的自信，让孩子能够独立面对问题，勇于征服困难。

专家给妈妈的建议

建议一：多给孩子赞赏

自信的孩子一般自尊心都比较强，孩子会为了自尊，做事情更加努力，让自己能被别人重视、看得起。

在孩子小的时候，妈妈说话做事都要保留孩子的自尊，让孩子感觉自己是被重视的，体会到自己的独立人格是被妈妈尊重的，孩子就会有种自我欣赏和满足感，做事情就更容易充满信心。

当孩子做事情的时候，妈妈要给予积极关注和表扬，不能包办代替，更不可打击、讽刺。对孩子做好的事情，给予及时的表扬，对没做好的事情，要表扬他敢于做事的精神，从不同的角度认可孩子。

妈妈的尊重和赞赏，会让孩子增加信心，并且努力变成妈妈期待的样子。

建议二：要给孩子信任

妈妈信任孩子，孩子才能感觉到自己的责任。

每个孩子都希望受到妈妈的喜爱和信任，如果缺乏信任，在妈妈的眼里孩子什么都不行，不放心他做任何事情，那么孩子永远也长不大，不能找到自信。

武岳然的妈妈给外婆买了件羽绒服，想周末给外婆送去，可是她临时单位加班，没时间去了。

下周要降温，所以妈妈只好委托岳然去送给外婆。岳然只有7岁，还没独自去过外婆家，他犹疑地望着妈妈。

妈妈坚定地对他说：“你已经长大了，能够自己做事情才是个小男子汉啊，这件事妈妈就拜托你了。我相信你能完成任务。”

然后，郑重地把衣服交给了岳然，岳然像上战场一样领命出发了。

妈妈的信任，会让孩子坚定信心，孩子也会对妈妈的信任给予积极的回报，相信自己能够按妈妈的要求做到。

所以，生活中妈妈不要总是担心孩子，要多给孩子信任，孩子自然会由他信转化为自信。

建议三：让孩子明确自己的责任

妈妈应该让孩子明确自己的责任。只有明确自己的责任，认为没有人能代替自己，孩子才会身体力行地自己去承担。

在做事情的过程中，孩子又能不断增强自信。妈妈要让孩子学会自理，自己的事情自己做，比如穿衣、洗衣、洗碗、收拾书包、整理房间等。

在孩子自我发展上，妈妈更应该让孩子明确，学习是任何人不能代替的，孩子必须通过自己的努力去完成。要能自我监督、自我管束去学习，明确怎么样提高自己的成绩，怎么样面对失败和挑战。

建议四：不要给孩子太多压力

孩子面对问题的时候，自己本来就会有压力，特别是事情进行不顺利的时候，他会感到烦恼和痛苦。

这个时候，妈妈能做的是替孩子减轻压力，让孩子轻松上阵，而不能由于迫切的心情，总是催促孩子，说一些泄气的话。这样孩子会更加失落，没有信心。

沈坤马上要中考了，他自己很紧张，每天学习比以前更加努力了。妈妈也比以前更加担心孩子，没事的时候总爱来看看正在学习的沈坤。

妈妈还特别喜欢提问，问他有什么不会的问题吗？感觉能考取重点高中吗？最近状态怎么样？等等，还总是特别的为他改善伙食。妈妈的“关心”，沈坤更感觉被压得喘不过气来。

沈坤学习上遇到问题，也不能沉下心来思考，妈妈的询问无疑是在给他精神上施加压力，沈坤的状态越来越不好，考试的结果可想而知。

当孩子面临问题的时候，妈妈不要让“好心”“关心”增加孩子的心理压力。要给孩子一个自由的空间，让孩子自由发挥，孩子的信心会在挑战中不断增强。

建议五：让孩子看到自己的优势

为增强孩子的自信，妈妈要尽量让孩子看到自己的优点和成绩，让成绩激励孩子更加自信，而不要总是看到自己的缺点和失败。

一件事能做成功，其他事经过努力一定也可以成功。让孩子看到自己身上有很多成功的必备要素，树立信心，能够帮助孩子不断攀升，夺取一个又一个的胜利。

让孩子懂得宽容，孩子才能得到别人的宽容

家教现场

何滨在和同学玩丢沙包游戏的时候，况祝使的劲过大，把他的拇指砸得很痛，后来还肿起来了。

何滨很痛恨况祝，感觉他太狠心了，这么用力。他暗暗对自己说，以后再也不跟他玩了。

妈妈帮何滨用热毛巾敷在手上消肿，对他说："别人也不是故意的，男子汉嘛，磕磕碰碰本来就很正常，如果一点小事就耿耿于怀，以后还会有朋友吗？"

何滨觉得也是，就原谅了况祝，感觉他还是个很值得交的朋友，对人很讲义气，热心助人，和他相处得很愉快。

教育启悟

宽容主要表现为对他人的过错能够原谅，不计较，不生气、不抱怨。生活中不是所有事都会让人满意，不是所有人都会十全十美没有过失。

孩子能够宽容地对待生活、对待他人、对待不如意的事情，才能生

活的快乐，才能发现生活的美好。

让孩子拥有宽容的心，是培养孩子健全人格的需要。它对于孩子个性的健康发展，尤其是情感的健康发展，以及孩子良好人际关系的建立，都有着非常重要的意义。

孩子只有学会了宽容，才会懂得理解和尊重他人，才会有爱人的心，有容人的度量，成为一个识大体、顾大局，受人欢迎的人。

如果孩子缺乏宽容的心，就只会看到生活中的黑暗面，而感受不到生活的美好；专挑别人身上的缺点，而看不到优点；只记住别人对不起自己的地方，而忘却别人对自己友爱和帮助。

这样的孩子每天都会生活在阴暗里，看不到光明和希望，因此也不懂享受生活，不懂人际交往的快乐。

孩子不能宽容别人，自然也不能获得别人的宽容，这样就会成为一个不受欢迎的人，孩子的人际圈子就会受到限制。

生活中没有朋友，就会很孤单无助，对孩子未来的成长和事业的成功都有阻碍。同时心胸狭窄的人，对自己身心健康也不利。

因此培养孩子宽容心胸，不仅给别人一片天空，同时会使孩子的天空更宽广。

专家给妈妈的建议

建议一：妈妈要待人宽容处事大度

宽容的家庭环境，会让孩子深受感染。妈妈为人处世要做孩子的榜样，在待人接物上宽容大度。

平时生活中处理朋友、同事、邻里、婆媳等关系，要以和为贵，不计较别人的过失，不埋怨别人的不是，多理解，少猜忌。

周州的妈妈平时很大度，对别人的过失从来不太放在心上，因此周围人都喜欢和她交往。

一次，邻居李阿姨有急事，需要用车，妈妈知道了，二话没说就把她每天骑着上班的电动车借给了李阿姨。

谁知道李阿姨把车还回来的时候，后面车胎竟然一点气都没有，她也没提就走了。晚上，妈妈给车子打气时，才发现车轮被钉子扎了一个洞。

爸爸说："小李怎么这样，起码讲一声啊，又不要她修。"妈妈对爸爸说："算了，也许她没发现。"周州受妈妈的感染，也从来不为一点小事与人计较。

妈妈是孩子的第一任老师，生活中妈妈的待人处事方式，也是孩子学习和借鉴的榜样。因此有宽容的妈妈，孩子行为处事自然也会大度。

建议二：让孩子换位思考以己度人

换位思考，就是让孩子能够站在对方的立场上，设身处地为别人考虑一下，如果是孩子自己会怎样做，别人这样做的理由是什么等。孩子只有能够理解别人，才能宽恕别人的过错。

吕超和东东被分在一个小组做课外实验。在做实验的过程中，东东一点都不配合吕超，因为一点小事还吵了起来。实验没做完，东东就跑回家了。

吕超很生气，认为东东脾气暴躁，真难相处。吕超回到家，和妈妈说了东东做事太没谱，妈妈和东东妈妈是同事，知道东东妈妈和他爸爸关系很紧张，正闹离婚。

妈妈让吕超站在东东的角度想想，他心情不好，做事心不在焉、脾气暴躁，也是可以理解和原谅的。

孩子能换位思考，就会感觉别人的做法是可以理解的，不会认为别人像犯下滔天大罪一样不可原谅，从而学会宽恕他人。

建议三：让孩子学会全面评价他人

妈妈要引导孩子全面评价看待别人，每个人都有自己的优点和缺点，不可能任何事都能做得很好、很周到，总有失误和犯错的时候。孩子不要只盯着别人一次的过错不放，而忘却之前对待自己的千般好。

妈妈要让孩子走到人群中去，学会交朋友。只有走到人群中，才能发现对人有更清晰的认识。

每个人都有自己的个性特征，有自己的优缺点，在人际交往中，别人都会或多或少地暴露出自己的缺点。孩子只有认识清楚，才能宽容地对待别人，才能交到朋友。

同时，孩子从别人身上也能看到自己的不足，学会更加圆融地处理问题，不走极端。妈妈要教孩子要学会总体评价一个人，只要这个人的品德是良好的，没有做违法乱纪的事，一些小错如因为心情不好说话粗鲁、做事鲁莽等，都是可以原谅的。

谦虚是一种美德，让孩子以一当十

家教现场

高启一次考试得了全班第一，他就以为自己很了不起，很聪明，看不起其他同学，甚至感觉老师也不如他。上课的时候他不好好听讲，课外作业也不认真去完成了。

妈妈看到高启取得一点小小的成绩就骄傲，成绩肯定会很快滑下来的，就告诫他要谦虚一点，人外有人天外有天，一次成功不代表永远。

高启没有听进妈妈的劝告，在第二次的考试中，他的成绩一下子下降到第7名。

此刻，高启才开始反省自己，都是因为自己骄傲了，才不能继续努力学习，使自己从高处摔了下来，但是总算是摔醒自己了，使自己看到了个性的缺陷。

教育启悟

谦虚是一种美德，谦虚不仅能让孩子不自满，不断追求进步，而且谦虚的孩子更讨人喜欢。

对待比自己强的人，他能够虚心请教，对待不如自己的，也不贬低看不起，对待同等水平的人，能够争取机会，相互学习合作。

“虚心使人进步，骄傲使人落后。”对于孩子来说，从小培养他谦虚的性格，孩子就能正确地认识自己，不骄傲不自满，理性对待自己的成绩，不断地进步，不停留在已获得的成就上睡大觉。

如果孩子没有谦虚的心态，自认为很聪明，不能虚心学习、继续攀升，孩子的大脑就会荒芜。妈妈要培养孩子谦虚的个性，防止孩子养成骄傲的坏习惯。

孩子，特别是聪明的孩子，常容易产生骄傲自满的情绪，而骄傲是孩子进步的大敌。生活中，孩子可能在某些方面有点特长、取得点成绩，获得别人的表扬，就很容易被冲昏头脑，盲目自大，这只能让孩子迷失自己。

妈妈要培养孩子谦虚的品格，才能使孩子面对成功、荣誉时不骄傲，只把它作为激励自己不断前进的力量，而不是起到反面的效果。

大凡有成就的人，都具有谦虚的美德，妈妈培养孩子谦虚的品格，是为孩子培育一种能够成就大事的心理素质。

专家给妈妈的建议

建议一：妈妈做人做事要谦虚

妈妈做事做人的时候要谦虚，不要总认为自己了不起，自己很有能力，看不起别人。要虚心对待周围人，要待人和蔼亲切，尊敬他人，懂得谦让，在成绩面前不居功自傲，能够与大家一起分享。不要让人感觉很强势。

谦和的妈妈在孩子眼里的形象很高大，孩子的行为性情也会受妈妈的影响，做人做事能够谦虚不傲，让自己做个很随和、谦卑的人。

建议二：让孩子全面认识评价自己

妈妈要引导孩子全面认识和评价自己。孩子有自己的特长也有缺点，有成绩也有不足，让孩子不能只看到自己的优点和长处，成绩和收获，而忽视缺点和不足。

不然，孩子就容易满足于自己的优点和成就，而产生骄傲的情绪。

王贺参加了一个美术学习班，他画的画经常得到老师的表扬，王贺就自认为很有天赋，看不起画得不好的同学。

他的邻居小枫也参加了美术班，他就嘲笑小枫画的小鸡像鸭子。经常在妈妈面前吹嘘自己，贬低别人。

妈妈对他说："小枫画画没你好，可是他数学成绩比你强吧。每个人都有自己的长处和不足，不能只看到自己的长处，看不到自己的短处，拿自己的长处比别人的短处，这样你就像井底之蛙。"

这之后，王贺不再抬高自己的长处、贬损别人的不足了。

孩子只有能全面正确地评价自己，才知道自己根本不值得骄傲，应该保持谦虚的姿态，不然只会让人笑话。

建议三：让孩子认识到骄傲的危害

妈妈只有让孩子认识到骄傲的危害，孩子在取得成绩的时候，才能有意识地避免滋生骄傲的情绪。骄傲是成功路上的绊脚石，知识的海洋是无限宽广的，自己获得的只是大海里的一滴水而已。

妈妈要经常给孩子讲谦虚的名人故事，让孩子看到谦虚的益处。同时也让孩子体会到，骄傲的人最终都走不长远，爬不上山的最高峰。

建议四：不轻易表扬孩子

孩子对事物的认识不深刻，在成功面前看不透高矮深浅，因此妈妈不要轻易表扬孩子，这样容易误导孩子认为自己做得已经够好了，从而会沾沾自喜，盲目自大，谦虚的个性也无法养成。

小贝的妈妈认为赏识教育能让孩子充满自信，更利于孩子的成长，于是一点小事妈妈就会大肆表扬孩子一番。

小贝数学考试有一门得了 95 分，妈妈就表扬小贝真聪明，以后能当科学家。小贝自己收拾了一下玩具，妈妈就表扬小贝很勤快、懂事。

在妈妈的表扬声中，小贝养成了骄傲的心态。

当孩子正常做事的时候，妈妈不应该极力表扬。孩子取得好成绩的时候，妈妈可以告诉他这是值得赞扬的，同时提醒孩子，前面还有更高的山峰等着他攀登，不要停止不前。

远离自我中心，否则孩子会越来越孤独

家教现场

由于妈妈的娇惯，宋烨在家里就是一个“小皇帝”，什么都是自己说了算。

如果妈妈某次不能满足他的要求，他就又哭又闹，让人不得安生。宋烨做事情总是以自我为中心，从来不考虑别人的感受。

一次，家里来客人了，妈妈做了一桌菜招待，其中有一盘油焖大虾，宋烨特别喜欢吃，就把盘子端到自己跟前，不准别人吃。

妈妈让他给叔叔阿姨尝尝，可他还是不肯。妈妈感到很不好意思，客人笑着说小孩都是这样。

教育启悟

以自我为中心，就是什么事都从自己的立场出发，做事以满足自己的愿望为目的，不考虑别人的感受。这样的人在家庭中不会孝敬妈妈，在社会上不能处理好人际关系，很难融入这个社会。

因此在孩子成长的过程中，妈妈要注意引导孩子，不要养成以自我

为中心的毛病。要让孩子心里有大家，从大局出发。

妈妈要告诉孩子，自己的行为不要损伤到别人的利益，更不能为了满足自己而做伤害别人的事情，要戒除自私自利的个性。

以自我为中心的孩子，容易盲目自大，容易走极端，不合群。现代社会竞争越来越激烈，只有能够聚拢到更多的人力物力，才能在竞争中立于不败之地。但是一个以自我为中心的人，很难能够站到人群中，很难召集到所需要的人来帮助他。

因此，孩子只有摆脱以自我为中心的习惯，才能从别人的立场角度出发，替别人着想，别人自然也能为孩子着想。

在平时生活中，妈妈要加强对孩子引导，养成孩子行为处事要多考虑他人、不强求别人来满足自己的好心态。

专家给妈妈的建议

建议一：不要溺爱孩子

妈妈不要溺爱孩子，要把孩子作为家庭平等的一员，不要给孩子特殊的权利。

家里好吃的东西大家一起享用，不要让孩子感觉是特别为他准备的，自己有权享受家里好吃的、好玩的，穿着也要最好的，不要让孩子感觉自己很特殊。

溺爱会让孩子养成自私、以自我为中心的个性。当孩子提出不当要求的时候，妈妈要坚决拒绝，不要被孩子的眼泪软化。

当然，更不要养成孩子无理取闹、耍赖的性格，否则他觉得通过哭闹或发脾气能满足要求，就会利用这个武器来要挟妈妈。

建议二：让孩子做事前考虑到对别人的影响

妈妈要教育孩子，在做事情前多考虑一下这样做的后果，如果只是满足自己的愿望和要求，对别人并没有什么好处，甚至损害了别人的利益，就建议孩子不要这样做。要尽量替大家多考虑，这样才能获得别人的喜爱与支持。

江瀚到奶奶家玩，看到奶奶家有一台小巧精致的收音机，是叔叔买给爷爷奶奶的，他很想拿回去自己听歌。

江瀚问妈妈，自己可不可以问奶奶要。妈妈对他说："你如果说的话，奶奶可能会答应给你。但是爷爷奶奶以后怎么听京剧呢？他们的娱乐节目本来就少啊。"

江瀚想想也是，不能为了自己而让爷爷奶奶的生活受到影响啊，于是没有向奶奶提出这个要求。

在家庭里，即使影响到家人的利益，孩子也可能满足自己的愿望，但是步入社会后，如果影响到别人的利益，自己的愿望是不会得到实现的。

因此，妈妈要让孩子在做事情前多考虑一下后果，做事就能更稳妥一些。

建议三：让孩子多关心他人

在平时生活中，妈妈要引导孩子多关心他人，不要只顾自己。只有能设身处地为他人着想，才能走出以自我为中心的圈子。

孩子在领受妈妈对自己付出爱的同时，也应该考虑如何回报妈妈。不能只想着接受爱与帮助，而要孝顺妈妈，关心周围的人。

妈妈要让孩子学会分享，不吃独食，帮助别人，有同情心。让孩子用自己的双手为别人做点事，哪怕是帮妈妈洗碗、扫地，也是心里有他人的表现。

建议四：让孩子多参与集体生活

孩子只有走进集体中，才能培养出群体生活应该具备的素质。而以个人为中心恰恰是集体所排斥的行为。

所以，妈妈把孩子带到集体中，让孩子去适应集体生活，在集体中锻炼，孩子就能学会从集体出发，放弃个人的小私利。

张克强是个不太合群的孩子，做事情总是从自我出发。妈妈让他参加少儿足球队，在这个球队里，需要从整体出发，大家相互配合，才能打赢比赛。

张克强现在已经能和大家融洽相处，并且深刻领会到了自己一意孤行的后果，那就是让整体失利，自己也会失败。

妈妈鼓励孩子多参加一些集体活动，多在群体中生活，孩子在集体中会很容易摆脱以个人为中心的坏习惯，而能考虑到大家，集体利益。

自私是人格缺陷，妈妈要让孩子远离自私

家教现场

孔宣在学校里碰到班主任王老师，老师让他告诉大家，打扫一下宿舍卫生，让卫生委员组织检查，评优，还有奖品的。

孔宣希望自己的宿舍被评上，因此他就没有把这个消息告诉其他宿舍，只告诉了自己宿舍的人，好好打扫了一下卫生。

卫生委员来检查的时候，果然他们宿舍最干净。其他同学都很不满，因为他们根本不知道，没有准备。

卫生委员问他们："孔宣没有通知吗？"他们都说没有。最后，孔宣得到的不是优秀及奖品，而是老师的批评。

教育启悟

自私是一种人格的缺陷，品德的不健全。自私的人什么事都从自己出发，不会考虑到别人的利益和需求，只为了自己而不顾其他，这是一种很可怕的病态心理。自私会让孩子做一些傻事，犯一些不该犯的错误。

自私的人，很容易滋生其他负面心理。因为自私的人，样样都希望

自己获得的利益最多，见不得别人的成功与收获，很容易产生嫉妒心理。

自私的人受到一点不公或者吃一点亏，心神就会不得安宁，总是愤愤不平，产生怨恨仇视的心理；自私的人为了满足自己的需求，会铤而走险，做一些违法乱纪的事。

由此可见，自私的性格确实要不得，自私的人走到哪里都是不受欢迎的，很难得到别人的信任与支持，很难得到他人的同情和帮助，在社会上也很难取得发展和成功。

孩子小的时候，心性有很强的可塑性，妈妈要多加引导，让孩子形成大度、宽容、乐善好施、助人为乐的个性。

专家给妈妈的建议

建议一：培养孩子有一颗平和的心

让孩子摆脱自私的心态，妈妈要尽量从小培养孩子拥有一颗平和的心，把人生的成败得失看得淡一些，不要总是追名逐利，让自己的心受到牵制。

妈妈要让孩子学会放下，不要因为欲望的无法满足而痛苦，更不要让成败左右了孩子的心情。

班级要竞选班长，谢南感觉自己学习成绩很好，平时又很热情，人缘也不错，希望自己被选上。可是他的选票与第一名相比差了一票，与班长的职务失之交臂。

谢南感到很失落。他根本不把当选的同学放在眼里，感觉他根本不如自己，无论是成绩还是能力。

回到家，谢南把这件事告诉妈妈，希望妈妈安慰他几句，妈妈却说：“不要把得失看得太重，一次小小的竞选，什么都不能代表，却影响了你的心情和对人的态度，这可成不了大事啊。”

要快乐地面对生活，锻炼孩子的心性，能够做到得之不喜，失之不忧。

这样孩子就会没有多少自私心，会更加平和地对待成败和他人。

建议二：让孩子多替他人着想

自私就是希望满足自己的私欲，从自我出发。妈妈要让孩子做事情的时候，能够多替他人着想，不要只为了自己快乐，不顾别人的感受。

要尽量让孩子把快乐与别人分享，这样才能实现自己的价值，自我也会有种满足感，精神境界也能得到升华。

向浩予最近喜欢上玩网络游戏，放了学就冲进网吧，很晚才回家。周末的时候，也整天在网吧泡着，他的成绩直线下滑。

妈妈知道浩予的行为后，很伤心，整天对他叮嘱教导，让他好好学习，不能让游戏毁了自己。

一天周末，妈妈又在网吧找到浩予，让他回去学习。他还在玩，根本没听进去。妈妈一气之下给了他一巴掌，他才停止玩游戏。

出了网吧，看到妈妈很无措、难过的样子，浩予知道都是自己不好，让妈妈替自己担心，难过，自己应该为妈妈着想的。从此，浩予再也没去玩游戏了。

孩子做事情的时候，妈妈要让孩子多考虑一下别人的感受，不要让身边的亲人、朋友感到伤心难过，要做一个有责任、能担当的男子汉。

建议三：让孩子不要做损人利己的事情

孩子可以用公平公证的手段，光明正大地争取自己的权利，和希望得到的东西，但是不要耍手段和伎俩。做人要光明磊落，不能为了一己私利，做违背道德，损人利己的事情。

培养孩子良好的道德品行，孩子在行为处事的过程中，就有了可以度量的准则，不会做出过分的事情。

妈妈要让孩子知道，自私的行为会坏了孩子的名声，会让孩子在人前抬不起头来，不能得到大家的信任，对孩子的影响会更坏、更长远。

建议四：开阔孩子的心胸和视野

孩子只有站得更高，才能看得更远，只有心胸宽广了，才不会为自己的得失斤斤计较，不做自私的事情。

妈妈可以让孩子多读一些名人的传记，那些大家和伟人，往往心胸都比较宽广，能够不计个人得失，消除自私，成就大我。孩子从中能够得到启发。

妈妈还可以带孩子去攀登高山，看看大海，到广袤的草原旅游等，处在大自然的环境里，孩子会感觉到自己的渺小。

个人的私利对于广博的时间和空间来说，就会显得特别微不足道，让孩子放开自己的胸怀，从狭隘的自私中走出来。

孩子爱慕虚荣，会影响自己的成长和未来

家教现场

霍虎的家境不好。爸爸一直身有疾患，妈妈去年又不幸下岗了。妈妈只好临时找了份打扫街道的工作，维持基本的家用。

霍虎非但没有表现出对妈妈的理解，还一直埋怨妈妈没有给自己提供很好的生活。妈妈知道霍虎委屈，也就没说什么。

这天课间活动时间，同学告诉霍虎，他妈妈在门口等着他呢，他的脸色顿时就变得很难看。他过去后，开始责怪妈妈到这里给他丢人，因为妈妈还穿着清洁工的衣服。

妈妈解释说，是她发现霍虎的铅笔盒忘记带了，怕他要用，就给他送来了。

接过铅笔盒，霍虎就跑回去了。为了自己的面子，他一再强调那是他家的邻居。妈妈知道了霍虎的表现，伤心地掉下了眼泪。

教育启悟

当代社会中，很多孩子兴起了高消费的不良风气。孩子之间相互攀比、

讲究吃穿、花钱大手大脚，有的甚至为了满足自己的虚荣心，走上违法犯罪的道路。

虚荣的坏习惯，往往会导致孩子出现其他心理问题，如嫉妒、自卑、敏感多疑等，孩子会为了满足自己的虚荣心，而说谎，情绪不稳定，不认真学习，缺乏意志力。这些都会阻碍孩子的身心健康发展。

孩子虚荣心的形成，多半原因是来自于家庭。妈妈为了不让孩子受委屈，于是对孩子有求必应，别的孩子吃什么、穿什么、用什么，自己的孩子也一定要那样。这样在妈妈的纵容下，孩子的虚荣心逐渐膨胀起来。

有的妈妈经常在外人面前夸奖孩子如何听话、懂事，偶尔也会言过其实。孩子听到的都是对自己的赞美之词，由于这时孩子的自我评价意识低，妈妈的话会让他觉得自己十全十美，就具备了超强的虚荣心，也就难以容忍别人超过自己。

此外，孩子身边结识的朋友如果都是爱慕虚荣的人，那孩子的虚荣心也就可以理解了。

合格的妈妈要及时发现孩子的虚荣心，采取必要的方法加以纠正。

专家给妈妈的建议

建议一：不做虚荣的妈妈

妈妈是孩子的第一任老师，妈妈的一言一行都会对孩子起到潜移默化的作用。有的妈妈在社会交往中，不注意场合和环境，行为举止不当，使孩子逐步受到影响。

有的妈妈以金钱作为孩子学习成绩的奖励；有的妈妈以贵重的物质来表扬孩子，这些都会对孩子的身心造成极坏的影响。

邹衍发现妈妈最近变了，她变得爱打扮，还买很贵的衣服和用品。从爸爸的口中得知，原来是妈妈的好朋友最近很奢侈，为了维持自己的面子，妈妈也只好打扮一下自己了。

在妈妈的影响下，邹衍也虚荣起来，他开口问妈妈要名牌衣服，妈妈教育他时，他竟说是跟妈妈学的，这让妈妈很羞愧。

聪明的妈妈要以身作则，做孩子的榜样，不盲目攀比，不以物质好坏来作为和他人交往的基础。

妈妈还要克服对待孩子成绩的虚荣心。有的孩子成绩本来不好，可是妈妈为了满足自己的虚荣心，对外宣称孩子成绩好，无形中会助长孩子的虚荣心。

建议二：不随意满足孩子的物质需求

孩子不用付出努力就会得到孩子自己想要的，这对孩子有百害而无一利。

妈妈的迁就、溺爱、纵容，会助长孩子的物质需求欲望，养成任性、自私、缺乏同情心、没有责任感、没有抗挫能力、情商低下等不良素质，更容易滋生孩子的虚荣心。

赵闽回家后，对妈妈说班里的同学都用上手机了，有的同学都换了好几个了，他也想让妈妈帮他买一个。

妈妈语重心长地对赵闽说：“儿子，拥有手机并不代表就有了出色的成绩，只有依靠自己的努力取得成绩，才是骄傲的事情。不要攀比，要像你班里的王朝学习，他每次都是班里的第一名，却一直很低调。”

赵闽听了妈妈的话，觉得很有道理，他一点都不怪妈妈没有满足他的要求。

孩子在成长中有各种各样的需求，有物质上的，也有精神上的。孩子得不到想要的东西，对孩子的成长不利；孩子无条件地得到了自己想要的东西，也对孩子的成长不利。

在家庭教育中，妈妈要把握好孩子需要和给予之间的尺度，鼓励孩子通过恰当的方式，争取自己的合理要求，去实现自己的理想。这是一个理智的妈妈应该做到的。

建议三：引导孩子养成勤俭节约的好习惯

勤俭节约是中华民族的优良传统，小到家庭，大到国家，要想生存和发展，都需要勤俭节约。让孩子懂得勤俭节约，就会使其虚荣心得到收敛。

有的孩子为了和别人攀比，不考虑家里的实际情况，刻意追求名牌和高档学习用品，虚荣心泛滥，这样的孩子是难以适应社会发展的。

妈妈可以对孩子讲一些名人节俭的实例，以此教育孩子。即使家庭条件好，也要培养孩子勤俭节约的好习惯，不要助长他的虚荣心。

嫉妒是心理顽疾，会让孩子在攀比中迷失自我

家教现场

树军是个嫉妒心很重的男孩，这和妈妈的潜移默化有很大关系。

妈妈每次回家后，都会数落办公室里谁又靠关系升职加薪了，几乎每天都会听到妈妈的抱怨。在这样的情绪影响下，树军也早早地学会了嫉妒。

这次在班里的美术课上，美术老师夸奖青青的画画得好，这下树军可不乐意了。他立刻撅起了自己的小嘴，当着同学的面说了很多青青的缺点，让青青很没面子。

这还不算什么，树军还反问老师自己哪里画得不好，让老师都下不了台。

从那之后，大家都刻意地和树军保持了距离。他却以为是大家尊敬他，不敢和他玩。

教育启悟

现代社会，妈妈对孩子的期望越来越高，孩子在竞争的环境里，学

习压力越来越大，再加上现在的孩子多有表现自我、突出自我的性格，内心的竞争意识就会演变成嫉妒。

一般来说，孩子嫉妒的表现有：嫉妒那些学习成绩比自己好的人；嫉妒各方面能力比自己强的人；嫉妒那些性格好、同学关系搞得好、朋友多的人等。

总之，嫉妒心强的孩子，只要别人在某方面超过了自己，就会产生嫉妒，就会千方百计抬高自己，想尽办法贬低和打击对方。

嫉妒别人的孩子，终日陷于苦恼之中，如果再用流言蜚语、造谣诽谤等手段，不但败坏了自己的道德，还成为集体中的腐蚀剂，既影响自己的成才，也妨碍他人的进步。

嫉妒是一种不道德的行为。有嫉妒心的人，会感到别人的成功贬低了自己，就以贬低他人来弥补自己认为损失了的东西。

嫉妒心强的孩子，往往人际关系紧张，因为孩子总在背后说三道四，造成人际关系的紧张。因此，妈妈要警惕孩子的嫉妒心，注意引导孩子克服嫉妒心理。

专家给妈妈的建议

建议一：妈妈要克服自己的嫉妒心

嫉妒虽然是人的天性，可是如果任其在心里蔓延，则会葬送一个人的前程。妈妈要身体力行，做出榜样，首先克服自己的嫉妒心，更不要在孩子面前表露出成人的嫉妒。

很多妈妈把嫉妒传达给了自己的孩子，让嫉妒成为习惯，这样会误了孩子的一生。

妈妈应该为孩子创建一个积极向上的家庭氛围，让孩子看到别人的进步，要努力学习，而不是恶意诋毁。

当孩子在与他人交往中流露出嫉妒的想法时，妈妈不能忽视，要及时做正确的引导。

建议二：教孩子客观地评价自己

妈妈要想让孩子克服嫉妒心理，就要让孩子清楚地认识自己。想事事都比别人好，那是不现实的，高出孩子本身能力的目标一旦达不到，就会滋生孩子的嫉妒心理。

李叶回家后，就对妈妈说：“班里的李宏太讨厌了，竟然把班长的职务给抢去了，他哪里比我好啊？”说完还列举了很多李宏的缺点。

妈妈一看就知道，是李叶的嫉妒心在作怪。于是妈妈耐心地开导李叶，检讨一下自己最近的表现，然后又分析了李宏的一些优点。

听妈妈说完，李叶改变了自己的思想，认识到自己应该认清自己的缺点，好好向他人学习，这样才会在下次的竞选中获胜。

在嫉妒的负面情绪影响下，孩子会止步不前，耽误了自己的发展。

所以，妈妈要教育孩子，冷静而客观地衡量自己的条件，当经过努力达不到既定目标时，不要气馁，更不要嫉妒已经达成目标的人。

建议三：教孩子学会宽容

在孩子与其朋友交往的过程中，妈妈要特别注意引导孩子理解和宽容比自己强的同伴，帮助孩子学会不嫉妒比自己强的同伴。

孩子真正理解了妈妈的话，才能真正做到向比自己强的同伴学习，也只有通过学习，孩子才能体会到宽容的意义，体验到宽容带来的快乐。

妈妈要告诉孩子，如果把竞争的着眼点总是瞄准在人上，总是想要把某个人比下去，在个人意气上争输赢，那么孩子对高于自己的人，容易产生嫉妒、自卑和怯阵的心理。

妈妈要对嫉妒心重的孩子给以悉心指导，鼓励孩子学习别人的长处，支持孩子通过自己的努力去超越别人，使孩子的嫉妒心得到正常的发泄。

建议四：不要盲目地和别人攀比

在生活、学习中，妈妈要经常启发孩子，不要盲目地和别人攀比。如果自己真的不行，就要勇敢地承认，不要拿自己的短处去和别人的长处比较。

当然，这并不是要求孩子不思进取，而是让孩子在现实的基础上和别人竞争。

班里的范刚又穿着一身名牌来上学了，坐在后面的黄海看了心里很嫉妒，于是他趁范刚不注意，就拿刀子在他衣服上划了一个小口子，以发泄自己的嫉妒。

回家后，范刚向妈妈要求买身名牌衣服，妈妈说："儿子，不是妈妈小气，我不想助长你的攀比心理。你的攀比心理如果用在学习上，成绩早就很理想了。"

黄海羞愧地低下了头，他将对范刚的攀比心用在了学习上，取得了不错的成绩。

孩子出现攀比的心理，和妈妈的教育方式是有关系的。聪明的妈妈应该正确引导，不能对孩子千依百顺。

妈妈要引导孩子调整自己的心态，树立正当的竞争意识，唤醒孩子的积极心理，这样孩子就不会在攀比中迷失自我了。

第十章

孩子在青春期易出问题，妈妈要重点教育

进入青春期，让孩子了解自己的身体

家教现场

优优上初一，以前是个很乐观活泼的女孩，可自从上初中开始，她就变得沉默了，而且动不动就发脾气。

优优从上初中后，便发现自己的身体发生了巨大变化，于是她每天感觉自己生病了或者有什么不正常。在这种思想的支配下，她的内心极度恐慌。她不敢和朋友说，觉得丢人。她也不敢和妈妈说，害怕妈妈责备自己。

妈妈对优优的这些情绪反应感到非常不解，但因为工作很忙，所以没太关注优优的这些表现。于是，优优每天惶惶不可终日，每天上课恍惚，不认真听讲，放学后总爱胡思乱想，晚上也睡不好。

教育启悟

孩子长到十一二岁，便开始进入青春期了。青春期是人生发展的一个关键时期，孩子在生理和心理上都会产生特别大的变化。

青春期后，人的体形表现出明显的性别差异。男孩变得肩宽腰粗，下肢细长，看起来特别刚健。而女孩则变得上身细窄，下肢丰满，体现了一种柔美。

许多孩子在发现自己身体发生的这些变化时，心里便开始产生恐慌的情绪。青春期的孩子生理已经日渐成熟，而心理却没有同步成熟起来，这是造成孩子慌张和矛盾的根本原因。

此时，妈妈应该及时帮助孩子了解自己的身体，正确认识自己，减轻孩子的恐慌。

孩子进入青春期后，身体发生巨大的变化，这让许多孩子感到无助和害怕。其实孩子的这种无助与害怕是由于孩子对自己身体变化的无知造成的。

孩子不知道为什么身体发生这些变化，孩子担心自己得了什么病或者遇到了奇怪的事情，因此也不敢向妈妈朋友倾诉。

孩子身体成熟的前倾与孩子心理成熟的滞后导致孩子情绪不稳定，心理极度矛盾。这些都是青春期正常的反应，但是如果任由孩子不稳定情绪的肆意发展，那么势必会影响孩子的学习和生活。

因此，妈妈应该引导孩子正确认识自己的身体，让孩子坦然接受自己身体发生的变化。

专家给妈妈的建议

建议一：帮孩子树立正确的性别观

一般孩子在3岁以前，就会有自己是男孩还是女孩的观念认识，他也能分辨出哪些是男孩，哪些是女孩，但是那时候孩子对于孩子与女孩的差别认识并不准确。

进入青春期后，孩子性别意识进一步成熟和深刻，此时孩子就会刻意地避开异性。妈妈此时应该指导孩子正确地接受自己的性别，认同自己，巩固孩子的性别观。

菲菲是个初一年级的女孩，她今年13岁了。

菲菲发现自己进入初中以后，身体发生了很大的变化。她的胸部越变越大，而且声音也越来越尖细。更加令菲菲苦恼的是她来月经了。她发现自己身边的男生并没有这些变化，他们一天比一天健壮。

细心的妈妈发现后，便高兴地告诉女儿，菲菲以后就是个真正的女孩了，会越来越温柔、细心和善良。菲菲在妈妈语言的暗示下，愉快地接受和认同自己，正常地开始学习和生活。

许多孩子，尤其是女孩，进入青春期后，发现自己身体的变化，便开始羡慕起异性不同的身体变化，这是典型的性别认识不稳定的情况。

妈妈应该积极暗示，认真鼓励，巩固孩子的性别观，让孩子接受自己，悦纳自己的性别。

建议二：指导孩子认识自己的身体变化

进入青春期后的孩子身体上都会产生一系列巨大的变化，而此时孩子的心理成熟却没有与身体发育同步起来，这种情况让许多孩子情绪变得不稳定，进而严重影响孩子正常的学习和生活。

李明玉是个六年级的男孩，他已经 12 岁了。他以前是个特别开朗阳光的男孩，但是最近却有些闷闷不乐了。

原来，明玉发现自己长胡须了，这些变化让他受到了同学的嘲笑。他也不敢对妈妈说，心里很矛盾。

妈妈发现明玉的情绪变化后，便主动跟他聊天，当得知明玉为长胡须而发愁时，妈妈笑了："明玉，恭喜你，这是男子汉的标志。"

明玉不以为然，说同学们都笑话自己。妈妈说："那是因为你没有及时剃掉胡须啊，影响了你的形象。"

明玉听了如释重负，并与妈妈说了自己身体的其他变化，母子俩相谈甚欢。从那以后，明玉又恢复了阳光男孩的形象。

妈妈应该指导孩子正确认识自己的身体变化，接受自己的身体变化，认识这些变化的原因以及如何接受这些变化，引导孩子在心理上接受这些变化，继续愉快地生活和学习。

建议三：让孩子树立正确的美和健康的观念

许多孩子进入青春期后，便开始追求形体美，使得减肥也成为这些正在长身体的孩子的重要生活内容。

本来追求美无可厚非，但许多孩子却一味追求瘦，总认为自己胖，从而节食、喝减肥茶。这些措施对于正在发育的孩子来说，无疑是非常有害的。

郑琳琳是个初二的女孩，她今年 14 岁。琳琳长得眉清目秀，身材也很匀称，但是她却总认为自己过于肥胖。

这天，琳琳向妈妈宣布，为了减肥，晚饭不吃了。这可把妈妈吓坏了，妈妈对着女儿上下一打量，怎么也没发现她胖啊，而且女儿正在长身体，怎么可以不吃饭呢？

妈妈告诉琳琳，美的前提是健康，没有健康不可能有美。林妹妹那种病态美终究是病态的，别说在现在社会难以生存，在那时候她也在花样年华香消玉殒了。

妈妈应该指导孩子形成正确的健康和美的观念，不要一味地追求瘦而忽略健康，为了减肥而节食的行为更不应该得到提倡。但同时也要求孩子不要暴饮暴食，注意保持形体美观和身体健康。

妈妈找准时机，告诉孩子一些性知识

家教现场

朱慧上初三，刚15岁。她长得很漂亮，很受男孩的欢迎。刚升入初三不久后，她便有了个男朋友。

自从确立恋爱关系，朱慧便经常和男朋友在公园僻静处相拥着一起聊天。朱慧有很多的烦恼，内心也有很多的不安。而妈妈一直忙于工作，从来没给过她相应的关注，她非常害怕。

可是有了男友以后，男友不仅能理解，为她分担，还能逗她开心。不久之后，两人有了第一次性经历，以后又多次发生性关系。

当朱慧发现自己月经没有按时来时害怕起来，因为她从书上得知，不按时来月经是怀孕的现象。她把自己怀孕的事情告诉男友，那个男孩吓得以后再也不敢出现了。

于是，朱慧每天生活在恐慌当中，当妈妈知道时，朱慧已经怀孕六个月了。

教育启悟

青春期生理上的变化，特别是生殖系统的逐渐成熟，对孩子的心理和情绪都会产生很大的影响。

女孩因为自己渐渐隆起的乳房而不敢挺直身体，男孩看到自己的身体的巨大变化也觉得非常不好意思。

青春期的孩子开始关注异性，并伴随着一些最初的性行为，经常胡思乱想，影响孩子的正常生活和学习。

由于孩子不懂得性知识，孩子产生害怕、恐慌的情绪不说，有许多孩子甚至过早地涉及性行为，酿成悲剧，让孩子的人生从此蒙上一层灰暗。

有资料表明，一般懂得性知识的孩子开始第一次性经历的时间一般都较晚，未婚先孕的可能性也较小。

孩子进入青春期后，对异性变得特别关注，而且会伴随有性冲动。这些都是正常的生理现象，妈妈应该及时给孩子灌输一些科学的性知识。

性意识的萌发，会使处在青春期的青年，产生一种莫名其妙的迷惘和焦躁的心理。孩子不知道自己身体发生了何种变化，也不知道自己何时起对异性如此关注。

妈妈此时若不能教给孩子一些正确的性知识，任由孩子这种心理发展，将严重影响孩子的身心发展和正常学习生活，甚至造成许多更加恶劣的后果。

专家给妈妈的建议

建议一：教给孩子性知识的同时，告诉孩子性道德

性知识是关于两性行为的知识，不具有规范、引导和教育孩子的意义。

只讲性知识不讲性道德，让孩子了解性生理构造、机能以及性冲动的生理原理，却不对孩子讲解性行为的社会道德规范和自我控制性冲动

的意义，这种性教育将导致相反的结果。

正确的方法是，同时教给孩子性知识与性道德，让孩子不对自己的性冲动感到罪恶，也懂得控制自己的冲动行为。

李翌阳是个初二年级的男孩，他今年 14 岁。翌阳以前是个特别开朗的孩子，但自从进入初中以后，他就好像变了个人一样。

妈妈发现了翌阳的变化，便主动与孩子聊天。在妈妈温和的引导下，翌阳吞吞吐吐地说，自己经常梦到与班里一个女孩拥抱接吻等，他觉得自己特别肮脏。

妈妈听了之后，便对翌阳讲解了性和性冲动的生理原理，让他放松，这种现象很正常，同样妈妈也告诉他，因为他是学生，没有能力承担家庭的责任，因此要善于控制自己等。

从那以后，翌阳又恢复了往日的笑容。

妈妈在对孩子进行性教育时，不要一味用性道德来吓唬孩子，也不要只对孩子讲解性生理知识，而应该两者同时进行。

妈妈可以买一些讲解性生理知识的科普杂志和书籍，让孩子自己阅读了解，而对于性道德，妈妈应该亲自与孩子交谈，讲解各种不恰当的性行为的危害。

建议二：教给孩子性知识时不应遮遮掩掩

家庭开展性教育要选择适合的时机、内容和方式，并且不应该遮遮掩掩，有些妈妈认为孩子什么都不懂，或者感觉跟孩子讲这方面知识不好意思，对孩子进行性教育时常常欲言又止，孩子听起来也觉得一知半解，甚至不知所云。

林强是个初一的男孩，他今年 13 岁。

有一次，小强学校开展性教育的课程，要求妈妈也去旁听。小强回家后把这个通知告诉妈妈，并问道：“妈妈，你说这个性教育是教育什么啊？”妈妈笑着说：“就是普通的生理知识吧！”

小强有些不屑，说道：“妈妈，你以为我什么也不知道啊，教我们怎么预防怀孕吧？”妈妈意识到自己对这个问题的回避，有些不好意思地点了点头。

妈妈在对孩子进行性教育时，不要认为孩子什么也不懂，随便两句话就可以打发孩子。

事实上由于网络和各种现代媒体的宣传，孩子懂得很多，但是没有统一完整和规范的认识，妈妈对孩子进行教育时不应该遮遮掩掩，而应该根据孩子的情况，适当地讲解。

建议三：在日常生活中巧妙渗透

家庭教育最大的好处就在于知识与情感的相互渗透，妈妈在对孩子进行性教育时，也可以巧妙地利用日常生活的情景进行性知识的渗透。

在平时生活中，妈妈可以让爸爸和儿子一样沐浴，同时关怀一下儿子的发育和性器官的卫生；而妈妈可以和女儿一样沐浴，告诉她正确地认识自己的身体构造，指导她注意经期卫生等。

建议四：妈妈要端正自己的性态度

妈妈对性的态度会影响孩子对性的态度。英国是个文明程度非常高的国家，可是近年来未婚先孕的女孩却越来越多。

根据英国政府的调查，一半的孩子表示自己从未从妈妈处得到过性知识的教育。妈妈对性避而不谈会影响孩子对性的态度，有些妈妈视性为洪水猛兽，不让孩子沾边，这是极其错误的。

妈妈应该端正自己的性态度，性是一件纯洁美好的事情，没有必要视其为不洁，更不要对孩子避而不谈。妈妈的任务是告诉孩子如何防止性这种美好的事情发生在不应该发生的时候。

青春期易叛逆，妈妈不要和孩子较劲

家教现场

孙玉涵上初二了。以前他非常乐于与妈妈沟通，对妈妈所提的批评、建议都愿意采纳，但现在他就像变了个人一样，不愿意与妈妈沟通自己的想法，也不愿意采纳妈妈给予的正确建议。

这天，玉涵写完作业，便穿上运动服准备出门，他冲着在厨房做饭的妈妈喊道："妈，我不吃晚饭了，出去和同学玩篮球。"

妈妈听了，便走出门来，劝他："马上饭就做好了，你吃完再走啊！"玉涵摇了摇头，说跟同学约定的时间快到了。

妈妈急了，便说："你不吃饭打什么球啊，哪里有力气打？"玉涵不理会妈妈说的话，坚持要往外走。妈妈拉住他，说道："你这孩子怎么这么不听话啊，妈妈不是为你好啊？"

玉涵竟然不屑一顾地冲妈妈说道："谢谢了，妈，我就是不想吃饭！"然后，他挣脱妈妈的手，便往门外走去。

望着玉涵离去的身影，妈妈的心里真不是滋味。

教育启悟

心理学家称孩子的青春期为第二次心理断乳期。孩子进入青春期后身体迅速发育，生理成熟日渐完善，给他带来很强烈的心理震撼，也使他大大提高了对外界事物的感受性。孩子变得更加喜欢观察和思考，不爱与人交流。

有些孩子甚至非常反叛妈妈的管教和束缚，被妈妈草率地扣上了不良少年的帽子。其实孩子这种行为并非就说明他的行为不端正。

恰好相反，这是表明孩子的个性开始趋向独立，开始从一个孩子逐渐地向一个成熟的人过渡。这时候的孩子心理正在经历着一场前所未有的冲突和矛盾。

青春期的孩子由于身体发育的健全，自认为自己是个大人了，独立意识特别强烈，孩子再也不像小时候一样顺从地听取妈妈的意见。

孩子努力想要摆脱妈妈的管束，希望妈妈和他人不再把他当做小孩子一样看待，非常渴望得到自己的空间和自己做主的自由。

孩子进入青春期后要求独立是很正常的反应，而对于孩子这种不服管教的行为，许多妈妈却深感迷惑，而且也不知道如何与孩子进行沟通交流。

孩子要求独立，要求被尊重，妈妈应该满足，不应该跟孩子较劲。

专家给妈妈的建议

建议一：尊重孩子的个人空间

孩子进入青春期后，变得神神秘秘的，开始写日记了，开始要求妈妈进门前要敲门了，开始要求妈妈尊重自己的个人空间了。对于孩子的这种改变，妈妈应该感到欣慰，而不是一味地与其较劲。

陈雨珊今年13岁，是个非常乐观开朗的女孩，与妈妈的关系也很好。

一天，雨珊正在写作业，突然感觉到身后站了一个人。她回头一看，是妈妈。她有点不高兴了："你怎么进来也不敲门啊？"

妈妈觉得有些好笑："怎么妈妈进你房间也要敲门呢？"雨珊说："既然是我的房间，你进来前当然要征得我的同意，否则就是不尊重我的个人空间，侵犯我的隐私。"

妈妈听了之后，表示同意。

进入青春期的孩子要求有自己的个人空间，这是很正常的现象。妈妈应该尊重孩子的个人空间。

例如进入孩子的房间前应该先敲门，征得孩子的同意才能进去，孩子的东西不要乱翻乱动，更不要背着孩子偷看他的日记等隐私。

建议二：尊重孩子的个人意愿

孩子进入青春期后，要求自己做主的意愿越来越强烈，如果孩子的意愿得不到尊重，便会想尽一切办法与妈妈对抗，因此，许多青春期的孩子与妈妈关系告急。妈妈应该尊重孩子的个人意愿。

李振是个初一的男孩，他今年 13 岁。他是个很热爱运动的孩子，学习成绩也很好。

学校组织了一次野外夏令营活动，为期四天。李振报名参加了，却引来妈妈的激烈反对，她认为参加这样的活动太累。而李振坚持认为，这是一个锻炼的机会。

看到李振这么坚持，妈妈最后同意让他参加，只是妈妈说："这是你自己选择的，你要自己承担啊！别说苦喊累。"

孩子的意愿应该得到尊重，妈妈不应该把自己的意愿和想法强加给孩子，虽然孩子是妈妈生下来的，但并不是妈妈的附属品，也不是听话的机器，妈妈应该给孩子自己做主的权利，尊重孩子的选择和意愿。

建议三：把孩子当做成人来交谈

进入青春期的孩子最讨厌的事情就是别人依旧把他当成小孩子一样哄着，让他往东就往东，往西就往西。既然如此，妈妈在与孩子交谈时就应该注意他的这种心理，把孩子看作成年人一样进行交谈。

妈妈在与孩子进行交谈时，要尽量避免使用哄的口气，这只会让孩子心生反感。妈妈应该把孩子当做一个成年人一样交谈，鼓励他勇于承担责任，夸奖他的坚强和独立，尊重孩子的想法和看法。

建议四：给孩子提建议，而不是强制管教

青春期的孩子特别不愿意妈妈干涉自己的生活，干预自己的事务，孩子自认为自己有能力处理好这一切。

而在妈妈眼里，这个成天嚷嚷着要独立的孩子却什么也不会，独立生活能力也不强，于是一心只想为孩子包办，这势必会引起两代人的隔阂和战争。

正确的做法是，当发现孩子有某种不恰当的想法或者计划时，耐心地听取他的理由，然后采用给孩子提建议的方法。

但一定要让孩子自己去思考，并耐心地给他讲明计划的不可行性，指导孩子注意他忽略的细节，而不是强加干涉和命令。

告知孩子注意事项，让他与正常异性交往

家教现场

闫昊是个初一年级的男孩，他今年13岁了。由于青春期的到来，他身体发生了很大的变化，而且也更加关注异性了。

小昊有个特别要好的朋友，是个女孩，他俩是从小一块长大的，感情特别好。进入初中以后，两人还是保持着密切的来往。妈妈知道后，便有些不高兴。

有一天，小昊和那个女孩放学后在公园里散步、聊天，恰好被路过公园的妈妈看见了，她走上前命令儿子回家。女孩疑惑地望着小昊的妈妈，向小昊努努嘴，示意他跟妈妈回家。

吃晚饭的时候，妈妈向小昊宣布，如果以后再看见他和那个女孩在一起，就会连他那个“女朋友”一起教训。

小昊听了这话，特别生气。他把饭碗往桌子上狠狠一摔，扔下筷子，朝妈妈喊道：“你这是怎么了，我跟她以前就这样相处的，我们没有恋爱！”

妈妈却一本正经地说：“休想骗我，以前是以前，现在是现在，以前你们都还小，什么也不懂，现在不一样，你俩别再交往了啊！”小昊没有说话，气冲冲地跑回了房间。

教育启悟

与人交往是每个人的基本需要，也是获取知识和生活经验的重要渠道。没有交往，人就不能获得发展，而且交往能力是人的一项重要能力，交往能力的高低决定了人的交往水平与质量。同性交往与异性交往一样重要，两者不可偏颇。

许多妈妈深知与人交往的重要性，但是她们同时又担心异性交往会产生一些不良的后果。最让妈妈担心的莫过于异性交往处理不当导致早恋的发生，严重影响孩子的学习和生活。

妈妈的担心是非常有道理的，尤其处于青春期这个敏感的时期，教育孩子正确地与异性交往就显得更为重要了。

青春期正常的异性交往常常被草木皆兵的妈妈理解为早恋，从而影响了孩子正常的友谊。这也是许多孩子与妈妈发生家庭矛盾的原因所在。许多妈妈认为男女之间没有纯粹的友谊，总担心孩子会步入早恋的误区。

妈妈的这种认识是错误的，男女之间的交往是必要的。妈妈强行禁止孩子进行异性交往，只会让孩子更加逆反。

妈妈应该鼓励孩子进行异性交往，并且告诉孩子一些在异性交往过程中应该注意的事项。

专家给妈妈的建议

建议一：妈妈要正确认识异性交往

妈妈应该正确认识异性交往，异性交往有助于孩子健康的成长。一般来说，男孩比较粗心和勇敢一些，而女孩比较细心，犹豫不决一些。

妈妈鼓励孩子与异性交往，可以让男孩与女孩的性格互补，使孩子的性格健全地发展，这是同性交往没有的优势。

林洛是个初二的男孩，他今年 14 岁了。林洛是个非常粗心的孩子，经常丢三落四，而且他经常跟一帮男孩混在一块，也不认为自己有什么毛病。

聪明的妈妈鼓励林洛主动与女孩交往，跟她们做朋友。林洛在妈妈的建议下，经常与女孩交往，果然使他丢三落四的毛病减轻了不少。细心的妈妈还发现儿子比以前更会体贴和关心别人了。

妈妈应该正确认识异性交往，不要让男孩成天和男孩混在一起，让女孩只跟女孩在一起，而应该鼓励孩子去与异性交朋友，让异性身上不同的性格特质潜移默化地影响孩子，使孩子同时具备坚强勇敢和细心谨慎的性格。

建议二：告诉孩子在异性交往中不要过于热情

女孩在异性交往中过于热情会被人误认为是轻佻之人，不值得信赖。而男孩在异性交往中如果过于热情，也会被误认为有别的企图。因此，异性交往要顺其自然，不要过于热情，以免产生不好的效果。

江启明是个初一的男孩，他今年13岁。他是个非常开朗的孩子，也非常喜欢与别人打交道，在班里人缘很好。

一次，他在放学路上遇到一个同年级的女孩，对方拎着很沉的东西，于是，他主动上前提供帮助。女孩接受了，于是两人一起向家的方向走去。

当两人要分开走时，女孩主动要求自己拿东西，启明却说自己可以送她回家。女孩拒绝了，拿上东西不发一言赶紧向家的方法走去。

妈妈应该鼓励孩子正确地与异性交往，但是在交往过程中一定要注意对方的反应和表现，不要过于热情地提供帮助，以免让对方认为孩子别有所图。

尤其是女孩，在交往过程中更加不能过于热情，以免让人误以为过于轻佻而让人产生非分之想。

建议三：正确处理对方递来的“求爱信号”

在异性交往中，孩子能否一直保持交往的纯洁，最重要一点是要正确处理对方可能递来的“求爱信号”。因为孩子开展一段异性交往是出于友谊和交往的目的，而对方有时却未必也是如此。

妈妈应该告诉孩子在与异性进行交流时，一定要及时察觉对方反常的言行举止，对于对方暗示性的语言和行为应该及时反应，将它们扼杀在摇篮之中。

妈妈也可以告诉孩子在交往初期就阐明自己的观点和立场，以防止日后友谊的变质。

建议四：让孩子以一颗平常心对待异怀交往

孩子喜欢交朋友，不仅交同性朋友，也交异性朋友，这是一个好的现象。正常的男女之间的交往有利于相互了解，消除男女之间的神秘感，避免孩子因为好奇而过早地涉足恋爱。

但是在异性交往中，一定要注意以平常心来对待朋友，控制自己的性冲动，培养自己健全的人格。

其实过早地涉足恋爱和性行为，不论对孩子还是女孩都会带来同样大的伤害，至少在道德上都会受到良心的责问。

妈妈应该告诉孩子，异性交往是必要的，但是一定要控制自己的生理冲动，保持友谊的纯洁。

妈妈要鼓励孩子掌握好尺度，少与异性单独接触，没有特殊需要不单独约会，告诉孩子要广泛地接触异性朋友，并且注意交往的分寸。

早恋没什么，和孩子一起直面早恋

家教现场

林乐乐是个高一的女孩，她今年 16 岁。她上的是一所在郊区的重点高中，由于离家较远，她在学校借宿，开始了独立的生活。

由于第一次自己独立在外生活，乐乐有许多不懂的地方。以前在家里都是父母一手包办，她不会洗衣服，处处需要别人的照顾。乐乐是个很内向的孩子，与宿舍人的关系并不太好。

这时，小阳出现了。他温柔体贴，总是在生活中无微不至地照顾乐乐，这让孤独无助的乐乐深受感动。

于是，两人的关系日渐升温，并在一个晚上确立了男女朋友关系。从那以后，乐乐变得神情恍惚，整天胡思乱想，成绩也一天不如一天。

成绩的下降引起了妈妈的责备和乐乐内心的自责，但妈妈并不知道乐乐的早恋，也没有给她提供任何帮助。

乐乐每次都下定决心要与小阳一刀两断，但是小阳的一句温柔的话语，又让她回到原点。她不知道应该怎么办。

教育启悟

早恋是指人在进入婚龄前在学龄期开始的与异性的恋爱。早恋这种社会现象引起学校和家庭的高度恐慌，围绕早恋的争论也从来没有停止过。

现在人们普遍把早恋当成一个不要忽略的社会难题，因为它可能严重影响青少年的身心健康成长和孩子的学习生活。

早恋的原因有很多，现在的孩子生理早熟趋势越来越明显，很多小学生都毫不忌讳地谈论恋爱和生孩子。另一方面现在传媒对于性等知识的宣传也使孩子早恋倾向明显。

由于对早恋的过度恐慌，妈妈甚至对孩子正确的异性交往也草木皆兵了。不管怎么说，早恋的危害是非常大的，对于正在早恋或者有早恋倾向的孩子，妈妈应该正确地引导。

早恋，永远是学校和家庭最为敏感的话题，妈妈也是谈早恋色变。青少年时期的孩子由于生理与心理发展的不同步性，往往把异性理想化，不懂得理性分析，在自己眼里，总认为对方是完美无缺的。这种恋爱难以长久，并且会对孩子的学习和生活产生影响。

但是对于早恋，妈妈也不应该过于恐慌。孩子渴望与异性交往，渴望了解异性是很正常的心理反应，但是妈妈应该正确地指导孩子走出早恋的误区，教育孩子正确认识异性交往。

专家给妈妈的建议

建议一：告诉孩子早恋的危害

早恋肯定会影响孩子的学习，尤其是孩子在青春期心理不成熟，很容易把自己的恋爱对象完美化。

但是当对方不能按自己心中的理想标准行为时，便会让孩子心生挫折感，从而严重影响孩子的情绪稳定和正常的学习。

丁阳是个初三年级的男孩，他今年刚 15 岁。丁阳是个很活泼的男孩，平常乐于助人，因此，在班里人缘特别好。

一天，放学回家的丁阳有些闷闷不乐。经过妈妈询问才知道，原来今天有个女孩向他表白了。丁阳告诉妈妈，自己对那个女孩也很有好感，不忍拒绝。

妈妈高兴地夸奖丁阳："这女孩眼光真好，不过你们现在并不适合谈恋爱。"然后妈妈给丁阳讲了早恋的危害，希望他正确地处理好异性关系。

几天后，丁阳告诉妈妈，自己和那女孩成为了很好的朋友。

妈妈应该及时告诉孩子早恋的危害，例如小恋人之间的争吵会影响孩子情绪的稳定，使孩子不能安心地学习，进行正常的生活。

而且，处于青春期的孩子容易冲动，不能妥善处理好恋爱关系中出现的冲突，很容易出现极端现象。

建议二：鼓励孩子参加集体活动

集体活动可以让孩子分散注意力，全力投入其中，培养良好的道德情操和保持愉快的心情。

当孩子的时间都用于参加集体活动了，孩子对异性的关注也会大大减弱，从而能避早恋于无形或者顺利地走出早恋的误区。

当孩子早恋了或者有早恋的倾向，妈妈应该鼓励孩子多参加集体活动，充实孩子的精神生活，让孩子减少对恋人或者异性的关注，自然而然地走出早恋的误区。

同时，妈妈也可以带孩子出去旅游，散散心，让孩子减少对异性的关注，把早恋扼杀在摇篮之中。

建议三：鼓励孩子多接触一些异性朋友

孩子在青春期对异性感到很好奇，也开始萌发恋爱和性的念头，这些都是正常的生理现象。这时候妈妈可以鼓励孩子多接触一些异性朋友，通过与孩子的交往消除对异性的神秘感，从而避免早恋的发生。

裴圆圆是个高一年级的女孩，她今年 16 岁。她是个非常乐观开朗的女孩，朋友也很多。

一天，圆圆偷偷地对妈妈说，自己喜欢上了同年级的一名男生，然后把那个男生夸奖了一遍。

妈妈知道圆圆是在试自己的口气，她认真地对圆圆说："你先试着不去跟这男生交往，跟别的男孩多交往一下再告诉妈妈吧！"圆圆听了后表示同意。

过了一个月，女儿再也没提那个男生的事情。妈妈忍不住问了她，哪知圆圆早没了几个月前的兴奋劲，竟说起妈妈来："嘿嘿，朋友嘛，说那么神秘干吗呢？"

妈妈应该鼓励孩子多与异性接触，而不应该把眼光停留在一个异性朋友身上，这样很容易一叶障目，让孩子产生错觉，也容易让孩子进入早恋的误区。

当孩子误入早恋时，妈妈也可以鼓励孩子多接触异性朋友，让孩子自觉地放弃早恋。

建议四：真诚与孩子进行沟通

对于青春期的孩子，妈妈应该充分尊重孩子自己的意愿和想法，不要强行把自己的观点加到孩子身上。

在与孩子沟通时，一定要真诚，要站在孩子的立场看问题，不要动辄呵斥孩子，这样孩子根本不能认识到自己的错误，很可能妈妈说不行的孩子却偏偏去做。

孩子已经早恋或者有早恋的倾向，妈妈要真诚地与孩子进行沟通，对孩子的行为和心理表示理解，同时告诉孩子自己当年的感受和体会。

妈妈不要急于命令和批评孩子，以引起孩子的反感。对待"早恋"的孩子，一定要用真诚的爱去对待，切不要对孩子的行为采用讥讽、挖苦的口气。

建议五：用远大追求冲淡孩子的早恋情结

孩子沉迷恋爱，必然会影响正常的学习和生活。这也是孩子不宜过早进行恋爱的原因，孩子还有许多知识和生活经验需要学习。早恋容易影响孩子一生的发展，妈妈可以运用远大的理想和追求冲淡孩子对恋爱的关注。

当孩子过早地涉足恋爱时，妈妈应该及时帮助孩子设计自己的人生理想和追求，让孩子把注意力转移到学习和理想上，从而减少到恋爱的注意力。

提高自我保护意识，灵活应对性骚扰

家教现场

李路是 10 岁的男孩，非常活泼开朗，可是最近他突然变得沉默起来，而且动不动就发脾气。

妈妈觉得很奇怪，便细心地和他聊天。小路刚开始对妈妈爱搭不理的，但在妈妈的安慰和引导下，小路终于说出了自己心中的秘密。

原来上个星期一放学后，他像平常一样走回家。刚走到小区门口，他就遇见了以前总在门口卖烧饼的中年男人。

中年男人卩招手示意他过去，小路毫无防备地走了过去。然后中年男人说想请他帮忙去家里取点东西，因为自己现在腾不开身。

看着中年男人着急的样子，小路答应了。可是当小路到了中年男人说的那个地方，他刚走进门，中年男人却也跟了进来，用恐吓的语气命令小路脱掉衣服，对他进行了性骚扰。

事后，那个中年男人还恐吓他不准告诉爸爸妈妈，因此，小路回家后也不敢说。妈妈得知事情原委后，当即愣在原处，好不容易她才缓过神来报了警。

教育启悟

性骚扰指以性欲为出发点的骚扰，以带性暗示的言语或动作针对被骚扰对象，引起对方的不悦感，通常是加害者肢体碰触受害者性别特征部位，妨碍受害者行为自由并引发受害者抗拒反应。

儿童性骚扰是指一切用欺哄、武力、讨好、教唆或者物质诱惑及其他方式把儿童引向性接触，以求满足侵犯者性需求的行为。

性骚扰早已经不是新闻了，这只黑手甚至伸向了自我保护能力非常薄弱的孩子，因此，必须引起妈妈的足够重视。

孩子缺乏自我保护能力，同时由于我国传统思想的影响，许多家庭不对孩子进行性教育，使许多孩子对于性的知识知之甚少，导致现在许多性骚扰的黑手伸向了孩子，严重影响孩子的身心发展。

因此，为了保护孩子的健康成长，妈妈应该及早告诉孩子如何应对这些性骚扰。

针对儿童的性骚扰已经不是新鲜事了，但是作为妈妈，是否应该反思一下为什么犯罪分子偏偏选中孩子呢，而妈妈又应该为此做些什么呢?

许多妈妈认为孩子没有保护能力，对性没有认识，因此，只能靠妈妈提供更为细致周全的保护。

这种想法是错误的。妈妈应该及时告诉孩子在面对性骚扰时如何保护自己，告诉孩子什么是性骚扰，让孩子对犯罪有戒备心理，这样才能真正使孩子远离性骚扰的危害。

妈妈渴望给孩子提供一个安全无菌的环境是一个良好的愿望，因为孩子不是装在妈妈口袋里的东西，孩子总是需要和社会发生或多或少的联系，而这就会给犯罪分子机会。最好的办法是让孩子学会自卫。

专家给妈妈的建议

建议一：帮助孩子认识性器官

性器官包括女性的乳房、阴部、臂部和男性的阴茎、阴囊、臂部等，都是属于自己的隐私。

妈妈应该及早帮助孩子认识这些性器官，并且告诉孩子这些器官都是需要隐藏和保护起来的，不能随意让他人观看、抚摸等。

谭健是个一年级的男孩，他今年 7 岁了。他是个很活泼可爱的孩子，在社区里拥有许多同龄的玩伴。

有一天回家后，谭健告诉妈妈，自己跟伙伴们玩游戏，谁输了就脱裤子。妈妈听了之后觉得又好笑又特别生气。

于是那天晚上，妈妈让爸爸带着谭健一起沐浴，帮助他认识自己的性器官，并且告诉他这些都是属于自己的隐私，不能随便让他人观看、抚摸。

谭健听了之后，点点头，说以后再也不跟伙伴们玩脱裤子了。

妈妈应该及早让孩子认识自己的性器官，并且告诉孩子这些地方是自己的隐私，需要小心地隐藏和保护起来。

建议二：让孩子了解性骚扰

孩子自我保护意识薄弱，并且对性知识了解很少，更不知道什么是性骚扰以及性骚扰者的常用手段。因此，当孩子面对性骚扰时，往往手无缚鸡之力。

这其实也是妈妈过度地保护孩子造成的后果，因此，妈妈应该及时让孩子了解性骚扰者的手段，培养孩子的自我保护能力。

妈妈应该告诉孩子性器官是不能让人观看和抚摸的，这是性骚扰的行为，如果孩子受到性骚扰将会对他的身心发展造成不良的影响。妈妈应该告诉孩子要拒绝别人的诱惑和哄骗，保护自己。

建议三：帮助孩子杜绝各种不良交往

有调查显示，一般性骚扰者多为受害者的熟人甚至是朋友，许多女受害者甚至是受到自己男朋友的性骚扰。

因此，妈妈一定要擦亮眼睛，帮助孩子分辨良友和坏友，坚决杜绝孩子进行的各种不良交往。

小丽是个初三年级的女孩，今年15岁了。她是个很内向的孩子，平时很喜欢上网。

某个周日的晚上，小丽一直到十二点才回来。妈妈问她去哪里了，小丽吞吞吐吐地半天才说去见了一个网友，而且两人还确立了男女朋友关系。

妈妈听了后，耐心地劝导小丽："小丽，妈妈不反对你与异性交往，但你还小，不适合谈恋爱，而且这个男孩很不负责任，深更半夜还和女孩单独约会。"

同时，妈妈还告诉她怎么保护自己，小丽听了也觉得有些道理。后来，小丽又和那个男孩见了面，当她发现男孩对自己意图不轨时，用妈妈教的方法顺利逃脱。

妈妈应该仔细观察孩子的情绪变化，了解孩子朋友的基本情况，指导孩子辨认真正的朋友和别有居心的人，帮助孩子杜绝不良的交往，把性骚扰扼杀在萌芽状态。

例如女孩的异性朋友单独约女孩，并且一直到深夜才结束，妈妈就应该及时提醒女孩断绝与这种不负责任的异性交往。

建议四：告诉孩子遇到性骚扰敢于说"不"

遇到不怀好意的性骚扰，许多孩子选择了沉默，孩子也感觉到了别扭和尴尬，但是却装作什么也不知道，让犯罪分子轻易得逞，更可能导致犯罪分子进一步的侵害。

妈妈应该告诉孩子当孩子在公共场所遇到性骚扰时，一定要大声地拒绝，例如说"不要碰我"等。

如果孩子在偏僻的地方遇到性骚扰，一定要运用自己的智慧，不可束手就擒，要尽量拖延时间，寻找机会逃脱。

建议五：教给孩子一些应对性骚扰的方法

妈妈应该教给孩子一些应对性骚扰的方法，免得孩子在面对骚扰时不知所措，从而让犯罪分子得逞。

妈妈可以告诉孩子遇到性骚扰时，如果周围人烟比较稀少就要尽量稳住犯罪分子，寻找机会逃脱或者求助，如果周围有人群集中的地方，则应该当即立断地跑到人群集中的地方去求助等。

孩子网恋，妈妈找出自身不足再引导

家教现场

陈慧今年 14 岁，她的爸爸妈妈都是做生意的，平时工作很忙，她的生活起居由一个 40 多岁的阿姨打理。

因此，她平时生活很寂寞无聊，学习成绩也不好。妈妈每次回来，张口闭口不是钱就是说她的学习，根本不关心她的精神生活。在这种情况下，小慧迷上了网络交友。

不久，小慧就在网上找了一个男朋友，自从网恋后，小慧的成绩更是一落千丈。妈妈不问原因的一味指责，更是进一步把小慧推进了网恋的深渊。

得知小慧家境富裕后，男朋友动不动就以各种名义向小慧借钱，而小慧由于痴迷其中，更是毫无防备地一次次把钱借给了这个从来没有见过面的男友。交往了两个月后，男朋友突然消失了。

妈妈发现小慧银行卡上的钱用的很快，就询问钱的去处。得知小慧把钱借给了网友，妈妈当时差点气晕过去，但同时她又很庆幸女儿没出什么事情。

从那以后，妈妈开始推掉一部分工作和应酬，以抽出时间陪小慧，小慧也不再痴迷网络，更不会网恋了。

教育启悟

网络是一把双刃剑，它除了为生活带来了更快捷的资讯以外，更让许多心怀不轨的人有机可乘。而网恋也被渲染成一种美丽而浪漫的恋爱方式，被许多少男少女热力追捧。

网恋的原因是多方面的。网络的快速发展，计算机进入千家万户是网恋产生的前提条件。但是网恋的风靡还有更深层次的原因，那就是现代人的情感在现实中得不到解脱，从而转向虚拟的网络世界。因此，那些乐于网恋的人精神生活一般比较空虚。

现在连小学生都会上网聊天，这并不奇怪，奇怪的是孩子宁愿上网跟陌生人聊也不愿意跟妈妈诉说自己心中的苦恼。妈妈不尊重孩子，不照顾孩子的精神生活是孩子网恋和沉迷网络的原因。

事实上，网络是一个虚拟的空间，它可以使一个人显得非常美好，于是有些居心不良的人利用网络打起了赚钱骗色的主意。

因此，妈妈要及时察觉孩子的精神需要，平等地与孩子进行沟通交流，正确引导孩子走出网恋。

专家给妈妈的建议

建议一：和孩子一起上网

妈妈和孩子一起上网，在指导孩子辨别好人和坏人的同时也可以增进亲子关系。孩子对网络和人心缺乏足够的认识，面对网络上的诱惑和陷阱容易沉迷，妈妈和孩子一起上网就可以避免这种情况。

如果家里条件宽裕，妈妈和孩子可以用两台电脑，跟孩子交流网络上的人交流的方式，告诉孩子在网上不适宜透露自己的完整信息，以免引来他人的非分之想。

如果家里条件有限，妈妈可以陪着孩子上网，但是要尽量让孩子有自己玩的时间。

建议二：鼓励孩子发展多种兴趣爱好

孩子的兴趣爱好多了，沉迷在网上的时间就少了，自然也就没有什么网恋的机会。

而且，现实生活中得来的乐趣远比网络上虚拟的快乐要真实，孩子在现实生活中玩得开心，自然也就不会记挂着网络了。

郑秋怡是个六年级的女孩，可是令妈妈想不到的是，她居然趁自己出差去外地的一个月，在网上谈起了恋爱。

这个消息，对于妈妈来说，无疑是个重磅炸弹，但是看到秋怡一脸喜悦的样子，妈妈知道不能来硬的。

于是，妈妈开始鼓励秋怡去参加学校的绘画兴趣小组，因为秋怡很喜欢画画，可是以前妈妈怕耽误她学习，没有允许她参加。

秋怡在绘画兴趣小组学得不亦乐乎，没几天就把那个“男朋友”忘记得一干二净了。

孩子网恋了或者沉迷网络不能自拔，很重要的原因就是精神生活得不到满足，妈妈应该鼓励孩子发展多种兴趣爱好，例如绘画、音乐，这些活动不仅不会耽误学习，更会让孩子感觉自己生活特别充实，自然就不会网恋了。

建议三：多关注孩子的精神需求

现在的妈妈很少关注孩子的精神生活，放学看到孩子的第一句话就是“今天学得好吗？”许多孩子听到这句话一般扭头就走，不愿意搭理妈妈。由于妈妈对孩子精神需求的忽略导致孩子沉迷网络，寻找精神的寄托。

马依晨是个初二年级的女孩，她今年14岁。依晨的父母都是成功人士，平时工作特别忙，回家也只讨论赚钱和依晨的学习。

在这种情况下，依晨网恋了。妈妈知道后，大骂了她一顿。依晨气急败坏地反驳道：“你算哪门子妈妈？只知道钱钱钱，你生下我就为了让我去学习，让我考大学，继承你那个破公司？”

妈妈听了之后，才发现自己一直忽略了依晨的精神需求，心里十分自责。

孩子是人，不是学习的机器。妈妈应该更关注孩子的精神需求，问孩子在学校一天过得是否开心，而不要每天盯着孩子的学习成绩，事实上如果孩子精神上没有学习的动力，那么学习是不可能愉快更不可能有良好效果的。

建议四：让孩子远离网络游戏

长时间地玩网络游戏不仅影响正在发育的孩子的身体健康，更会让孩子容易迷上网络，甚至网恋。网络游戏极端一点说就是网上的毒品，孩子沾上就很难脱身。

妈妈尽量让孩子远离网络游戏，鼓励孩子多与小伙伴们去外面踢球或者玩一些别的游戏，孩子玩网络游戏有害身心健康。

家里的电脑最好不要装网络游戏，如果不是妈妈工作需要，家里的电脑配置不要过高，以免孩子自己装网络游戏玩。